定位经典丛书
对美国营销影响巨大的观念

商战

MARKETING WARFARE
20TH ANNIVERSARY EDITION

[美] 艾·里斯（Al Ries） 著
杰克·特劳特（Jack Trout）

邓德隆 火华强 ◎译

经典重译版

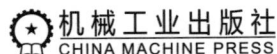
机械工业出版社
CHINA MACHINE PRESS

图书在版编目（CIP）数据

商战（经典重译版）/（美）艾·里斯（Al Ries），（美）杰克·特劳特（Jack Trout）著；邓德隆，火华强译 . —北京：机械工业出版社，2017.9（2025.10 重印）

（定位经典丛书）

书名原文：Marketing Warfare

ISBN 978-7-111-57823-9

I. 商⋯ II. ① 艾⋯ ② 杰⋯ ③ 邓⋯ ④ 火⋯ III. 营销战略 IV. F713.50

中国版本图书馆 CIP 数据核字（2017）第 202690 号

北京市版权局著作权合同登记　图字：01-2010-5166 号。

Al Ries, Jack Trout. Marketing Warfare, 20th Anniversary Edition.

ISBN 978-0-07-146082-8

Original edition copyright © 1986 by The McGraw-Hill Companies, Inc.

All Rights reserved. No part of this publication may be reproduced or transmitted in any form or by any means, electronic or mechanical, including without limitation photocopying, recording, taping, or any database, information or retrieval system, without the prior written permission of the publisher.

This edition is authorized for sale in the Chinese mainland (excluding Hong Kong SAR, Macao SAR and Taiwan).

Simple Chinese translation edition copyright © 2017 by China Machine Press. All rights reserved.

版权所有。未经出版人事先书面许可，对本出版物的任何部分不得以任何方式或途径复制传播，包括但不限于复印、录制、录音，或通过任何数据库、信息或可检索的系统。

此中文简体翻译版本经授权仅限在中国大陆地区（不包括香港、澳门特别行政区和台湾地区）销售。

翻译版权 © 2017 由机械工业出版社所有。

商战（经典重译版）

出版发行：机械工业出版社（北京市西城区百万庄大街 22 号　邮政编码：100037）	
责任编辑：岳晓月	责任校对：殷　虹
印　　刷：北京铭成印刷有限公司	版　次：2025 年 10 月第 1 版第 26 次印刷
开　　本：170mm×242mm　1/16	印　张：17.25
书　　号：ISBN 978-7-111-57823-9	定　价：79.00 元

客服电话：（010）88361066　68326294

版权所有・侵权必究
封底无防伪标均为盗版

目录

致中国读者
序一
序二
20周年版序
前言
四种战略形式

引 言　**商业即战争**　// 1

当今商业的要旨并非服务顾客，而是在与竞争对手的对垒过程中，以智取胜、以巧取胜、以强取胜。简言之，商业即战争，在这场战争中，竞争对手就是敌人，而顾客就是要抢占的阵地。

第1章　**长达2500年的战争史**　// 11

商业人士可以从世界上最伟大的战役中学到很多。

第2章　**兵力原则**　// 27

克劳塞维茨的第一条战争原则是兵力原则。大鱼吃小鱼，强大的军队打败弱小的军队。商战也是如此，大企业击败小企业。

第3章　**防御优势原则**　// 37

克劳塞维茨的第二条战争原则是防御优势原则。没有一位军事指挥官会在形势不利于自己的情况下出击。然而，有很多商业将领指挥团队却向防守牢固的竞争对手发起了进攻。太多商业将领在兵力不足的情况下向占据制高点的竞争对手发起了进攻，就像巴拉克拉瓦战役中的卡迪根伯爵和葛底斯堡战役中的李将军一样。

第4章　竞争新时代　//45

商战中的很多语言源自军事术语，例如，我们发动一场营销"战役"。虽然我们的言行犹如军事将领，但我们并没有像他们那样思考问题并制定战略。现在是时候把军事战略原则应用到我们的商业竞争中，以此增加胜算了。

第5章　战地的本质　//51

商战并不在药店和超市走廊这样的有形区域展开，也不在底特律和达拉斯这样的城市街道上展开，而是在顾客心智中打响。顾客心智就是战场，这个地带充满玄机，高深莫测。

第6章　战略形式　//57

商战并非只有一种作战形式，而是有四种，采取哪种战略形式是首要抉择。而如何抉择取决于你在整个战略格局中的位置，每个产品品类或行业都会形成这种战略格局。

第7章　防御战　//65

只有市场领导者才能打防御战。防御战可遵循三条原则，其中最出乎意外的一条原则是"最佳的防御就是有勇气自我攻击"。

第8章　进攻战　//77

进攻战适用于市场排名第二或第三的企业，关键原则是"找到领导者强势中的弱点进行出击"。

第9章　侧翼战　//93

商战中最具创造性的战略形式是侧翼战。多年来，大多数取得辉煌成就的商业案例都是运用了侧翼战。

第10章 游击战 //111

在商战中，大多数企业都应该采用游击战。小企业只要不试图仿效行业的"巨人"，它们也能够非常成功。

第11章 可乐战 //127

在可乐战中，百事可乐针对主要对手可口可乐不断取得胜利，其中一个主要原因就是可口可乐没有有效地运用它的战略优势。

第12章 啤酒战 //151

啤酒业正处在不断整合的过程中，从数百家地方性啤酒厂演变为少数几家全国性啤酒企业。在此形势下，小企业应该集中优势兵力，但它们却背道而驰。

第13章 汉堡战 //171

麦当劳继续主导汉堡市场，但汉堡王和温蒂运用商战的经典原则也取得了一定进展。

第14章 计算机战 //183

没有哪家企业比蓝色巨人IBM能更好地展开商战。然而，即便是IBM，当它试图在别人的地盘上开战时，也会输得很惨。

第15章 战略和战术 //205

就像形式服从内容一样，战略也应该服从战术。换言之，战术获得成功，是战略的最终目标和唯一目的。战略应该自下而上制定，而不是自上而下。一位将军只有在深入、详尽地了解了战场的实际情况后，才有可能制定出真正有效的战略。

第16章 商业将领 //221

如今的商界呼唤更多的商业将领，主动承担起规划并指导全盘战略的责任。未来商业将领的关键特质是灵活性、决断力和魄力。

后记　　//230

附录A　**定位思想应用**　//232

附录B　**企业家感言**　//235

致中国读者

（一）

孙子云：先胜而后求战。

商界如战场，而这就是战略的角色。事实上，无论承认与否，今天很多商业界的领先者都忽视战略，而重视战术。对于企业而言，这是极其危险的错误。你要在开战之前认真思考和确定战略，才能赢得战役的胜利。

关于这个课题，我们的书会有所帮助。但是首先要做好准备，接受战略思维方式上的颠覆性改变，因为真正有效的战略常常并不合逻辑。

以战场为例。很多企业经理人认为，胜负见于市场，但事实并非如此。胜负在于潜在顾客的心智，这是定位理论中最基本的概念。

你如何赢得心智？在过去的40多年里，这一直是我们唯一的课题。最初我们提出了定位的方法，通过一个定位概念将品牌植入心智；之后我们提出了商战，借助战争原则来思考战略；后来我们发现，除非通过聚焦，对企业和品牌的各个部分进行取舍并集中资源，否则定位往往会沦为一个传播概念。今天我们发现，开创并主导一个品类，令你的品牌成为潜在顾客心智中某一品类的代表，是赢得心智之战的关键。

但是绝大多数公司并没有这么做，以"聚焦"为例，大部分公司都不愿意聚焦，而是想要吸引每个消费者，最终它们选择延伸产品线。每个公司都想要成长，因此逻辑思维就会建议一个品牌应该扩张到其他品类中，但这并非定位思维。它可能不合逻辑，但我们仍然建议你的品牌保持狭窄的聚焦；如果有其他的机会出现，那么推出第二个甚至第三个品牌。

几乎定位理论的每个方面和大多数公司的做法都相反，但事实上很多公司都违背了定位的原则，而恰恰是这些原则才为你在市场上创造机会。模仿竞争对手并不能让你获得胜利。你只有大胆去做不同的事才能取胜。

当然，观念的改变并非一日之功。在美国，定位理论经历了数十年的时间才被企业家广泛接受。最近几年里，我们成立了里斯伙伴中国公司，向中国企业家传播定位理论。我和女儿劳拉几乎每年都应邀到中国做定位理论新成果的演讲，我们还在中国的营销和管理杂志上开设了长期的专栏，解答企业家的疑问……这些努力正在发生作用，由此我相信，假以时日，中国企业一定可以创建出真正意义的全球主导品牌。

艾·里斯

（二）

中国正处在一个至关重要的十字路口上。制造廉价产品已使中国有了很大的发展，但上升的劳动力成本、环境问题以及对创新的需求都意味着重要的不是制造更廉价的产品，而是更好地进行产品营销。只有这样，中国才能赚更多的钱，才能在员工收入、环境保护和其他方面进行更大的投入。这意味着中国需要更好地掌握如何在顾客和潜在顾客的心智中建立品牌和认知，如何应对国内及国际上无处不在的竞争。

这也正是我的许多书能够发挥作用的地方。它们都是关于如何通过在众多竞争者中实现差异化来定位自己的品牌；它们都是关于如何保持简单、如何运用常识以及如何寻求显而易见又强有力的概念。总的来讲，无论你想要销售什么，它们都会告诉你如何成为一个更好的营销者。

我的中国合伙人邓德隆先生正将其中的很多理论在中国加以运用，他甚至为企业家开设了"定位"培训课程。但是，中国如果要建立自己的品牌，正如你们在日本、韩国和世界其他地方所看到的那些品牌，你们依然有很长的路要走。

但有一件事很明了：继续"制造更廉价的产品"只会死路一条，因为其他国家会想办法把价格压得更低。

杰克·特劳特

序一

定位：第三次生产力革命

马克思的伟大贡献在于，他深刻地指出了，以生产工具为标志的生产力的发展，是社会存在的根本柱石，也是历史的第一推动力——大思想家李泽厚如是总结马克思的唯物史观。

第一次生产力革命：泰勒"科学管理"

从唯物史观看，赢得第二次世界大战（以下简称"二战"）胜利的关键历史人物并不是丘吉尔、罗斯福与斯大林，而是弗雷德里克·泰勒。泰勒的《科学管理原理》㊀掀起了人类工作史上的第一次生产力革命，大幅提升了体力工作者的生产力。在泰勒之前，人类的精密制造只能依赖于能工巧匠（通过师傅带徒弟的方式进行培养，且人数不多），泰勒通过将复杂的工艺解构为

㊀ 本书中文版已由机械工业出版社出版。

简单的零部件后再组装的方式，使得即便苏格拉底或者鲁班再世恐怕也未必能造出来的智能手机、电动汽车，现在连普通的农民工都可以大批量制造出来。"二战"期间，美国正是全面运用了泰勒"更聪明地工作"方法，使得美国体力工作者的生产力爆炸式提高，远超其他国家，美国一国产出的战争物资比其他所有参战国的总和还要多——这才是"二战"胜利的坚实基础。

欧洲和日本也正是从"二战"的经验与教训中，认识到泰勒工作方法的极端重要性。两者分别通过"马歇尔计划"和爱德华·戴明，引入了泰勒的作业方法，这才有了后来欧洲的复兴与日本的重新崛起。包括20世纪80年代崛起的"亚洲四小龙"，以及今日的"中国经济奇迹"，本质上都是将体力工作者的生产力大幅提升的结果。

泰勒的贡献不止于此，根据唯物史观，当社会存在的根本柱石——生产力得到发展后，整个社会的"上层建筑"也将得到相应的改观。在泰勒之前，工业革命造成了资产阶级与无产阶级这两大阶级的对峙。随着生产力的发展，体力工作者收入大幅增加，工作强度和时间大幅下降，社会地位上升，并且占据社会的主导地位。前者的"哑铃型社会"充满了斗争与仇恨，后者的"橄榄型社会"则相对稳定与和谐——体力工作者生产力的提升，彻底改变了社会的阶级结构，形成了我们所说的发达国家。

体力工作者工作强度降低，人类的平均寿命因此相应延长。加上工作时间的大幅缩短，这"多出来"的许多时间，主要转向了教育。教育时间的大幅延长，催生了一场更大的"上层建筑"的革命——资本主义的终结与知识社会的出现。1959年美国的人口统计显示，靠知识（而非体力）"谋生"的人口超过体力劳动者，成为劳动人口的主力军，这就是我们所说的知识社会。目前，体力工作者在美国恐怕只占10%左右了。知识社会的趋势从美国为代表的发达国家开始，向全世界推进。

第二次生产力革命：德鲁克"组织管理"

为了因应知识社会的来临，彼得·德鲁克创立了管理这门独立的学科（核心著作是《管理的实践》及《卓有成效的管理者》㊀），管理学科的系统建立与广泛传播大幅提升了组织的生产力，使社会能容纳如此巨大的知识群体，并让他们创造绩效成为可能，这是人类史上第二次"更聪明地工作"。

在现代社会之前，全世界最能吸纳知识工作者的国家是中国。中国自汉代以来的文官制度，在隋唐经过科举制定型后，为知识分子打通了从最底层通向上层的通道。这不但为社会注入了源源不断的活力，也为人类创造出了光辉灿烂的文化，是中国领先于世界的主要原因之一。在现代社会，美国每年毕业的大学生就高达百万以上，再加上许多在职员工通过培训与进修，从体力工作者转化为知识工作者的人数就更为庞大了。特别是"二战"后实施的《退伍军人权利法案》，几年间将"二战"后退伍的军人几乎全部转化成了知识工作者。如果没有高效的管理，整个社会将因无法消化这么巨大的知识群体而陷入危机。

通过管理提升组织的生产力，现代社会不但消化了大量的知识群体，甚至还创造出了大量的新增知识工作的需求。与体力工作者的生产力是以个体为单位来研究并予以提升不同，知识工作者的知识本身并不能实现产出，必须借助组织这个"生产单位"来利用他们的知识，才可能产出成果。

㊀ 这两本书中文版已由机械工业出版社出版。

正是管理学让组织这个生产单位创造出应有的巨大成果。

要衡量管理学的成就，我们可以将20世纪分为前后两个阶段来进行审视。20世纪前半叶是人类有史以来最血腥、最残暴、最惨无人道的半个世纪，短短50年的时间内居然发生了两次世界大战，最为专制独裁及大规模的种族灭绝都发生在这一时期。反观"二战"后的20世纪下半叶，直到2008年金融危机为止，人类享受了长达近60年的经济繁荣与社会稳定。虽然地区摩擦未断，但世界范围内的大战毕竟得以幸免。究其背后原因，正是通过恰当的管理，构成社会并承担了具体功能的各个组织，无论是企业、政府、医院、学校，还是其他非营利机构，都能有效地发挥应有的功能，同时让知识工作者获得成就和满足感，从而确保了社会的和谐与稳定。20世纪上半叶付出的代价，本质上而言是人类从农业社会转型为工业社会缺乏恰当的组织管理所引发的社会功能紊乱。20世纪下半叶，人类从工业社会转型为知识社会，虽然其剧变程度更烈，但是因为有了管理，乃至于平稳地被所有的历史学家忽略了。如果没有管理学，历史的经验告诉我们，20世纪下半叶，很有可能会像上半叶一样令我们这些身处其中的人不寒而栗。不同于之前的两次大战，现在我们已具备了足以多次毁灭整个人类的能力。

生产力的发展、社会基石的改变，照例引发了"上层建筑"的变迁。首先是所有制方面，资本家逐渐无足轻重了。在美国，社会的主要财富通过养老基金的方式被知识员工所持有。从财富总量上看，再大的企业家（如比尔·盖茨、巴菲特等巨富）与知识员工持有的财富比较起来，也只是沧海一粟而已。更重要的是，社会的关键资源不再是资本，而是知识。社会的代表人物也不再是资本家，而是知识精英或各类顶级专才。整个社会开始转型为"后资本主义社会"。社会不再由政府或国家的单一组织治理或统治，而是走向由知识组织实现自治的多元化、多中心化。政府只是众多大型组织之一，而且政府中越来越多的社会功能还在不断外包给各个独立自治的社会组织。如此众多的社会组织，几乎为每个人打开了"从底层通向上层"的通道，意味着每个人都可以通过获得知识而走向成功。当然，这同时也意味着不但在同一知识或特长领域中竞争将空前激烈，而且在不同知识领域之间也充满着相互争辉、相互替代的竞争。

正如泰勒的成就催生了一个知识型社会，德鲁克的成就则催生了一个竞争型社会。对于任何一个社会任务或需求，你都可以看到一大群管理良好的组织在全球展开争夺。不同需求之间还可以互相替代，一个产业的革命往往来自另一个产业的跨界打劫。这又是一次史无前例的社会巨变！人类自走出动物界以来，上百万年一直处于"稀缺经济"的生存状态中。然而，在短短的几十年里，由于管理的巨大成就，人类居然可以像儿童置身于糖果店中一般置身于"过剩经济"的"幸福"状态中。然而，这却给每家具体的企业带来了空前的生存压力，如何从激烈的竞争中存活下去。人们呼唤第三次生产力革命的到来。

第三次生产力革命：特劳特"定位"

对于企业界来说，前两次生产力革命，分别通过提高体力工作者和知识工作者的生产力，大幅提高了企业内部的效率，使得企业可以更好更快地满足顾客需求。这两次生产力革命的巨大成功警示企业界，接下来他们即将面临的最重大的挑战，将从管理企业的内部转向管理企业的外部，也就是顾客。德鲁克说，"企业存在的唯一目的是创造顾客"，而特劳特定位理论，将为企业创造顾客提供一种新的强大的生产工具。

竞争重心的转移

在科学管理时代，价值的创造主要在于多快好省地制造产品，因此竞争的重心在工厂，工厂同时也是经济链中的权力中心，生产什么、生产多少、定价多少都由工厂说了算，销售商与顾客的意愿无足轻重。福特的名言是这一时代权力掌握者的最好写照——你可以要任何颜色的汽车，只要它是黑色的。在组织管理时代，价值的创造主要在于更好地满足顾客需求，相应地，竞争的重心由工厂转移到了市场，竞争重心的转移必然导致经济权力的同步转移，离顾客更近的渠道商就成了经济链中的权力掌握者。互联网企业家巨大的影响力并不在于他们的财富之多，而在于他们与世界上最大的消费者群体最近。而现在，新时代的竞争重心已由市场转移至心智，经济权力也就由渠道继续前移，转移至顾客，谁能获取顾客心智的力量，谁就能摆脱渠道商的控制而握有经济链中的主导权力。在心智时代，顾客选择的力量掌握了任何一家企业、任何渠道的生杀大权。价值的创造，一方面来自企业因为有了精准定位而能够更加高效地使用社会资源，另一方面来自顾客交易成本的大幅下降。

选择的暴力

杰克·特劳特在《什么是战略》⊖开篇中描述说："最近几十年里，商业发生了巨变，几乎每个品类可选择的产品数量都有了出人意料的增长。例如，在20世纪50年代的美国，买小汽车就是在通用、福特、克莱斯

⊖ 本书中文版已由机械工业出版社出版。

勒或美国汽车这四家企业生产的车型中挑选。今天，你要在通用、福特、克莱斯勒、丰田、本田、大众、日产、菲亚特、三菱、雷诺、铃木、宝马、奔驰、现代、大宇、马自达、五十铃、起亚、沃尔沃等约300种车型中挑选。"甚至整个汽车品类都将面临高铁、短途飞机等新一代跨界替代的竞争压力。汽车业的情形，在其他各行各业中都在发生。移动互联网的发展，更是让全世界的商品和服务来到我们面前。如何对抗选择的暴力，从竞争中胜出，赢得顾客的选择而获取成长的动力，就成了组织生存的前提。

这种"选择的暴力"，只是展示了竞争残酷性的一个方面。另一方面，知识社会带来的信息爆炸，使得本来极其有限的顾客心智更加拥挤不堪。根据哈佛大学心理学博士米勒的研究，顾客心智中最多也只能为每个品类留下七个品牌空间。而特劳特先生进一步发现，随着竞争的加剧，最终连七个品牌也容纳不下，只能给两个品牌留下心智空间，这就是定位理论中著名的"二元法则"。在移动互联网时代，特劳特先生强调"二元法则"还将演进为"只有第一，没有第二"的律则。任何在顾客心智中没有占据一个独一无二位置的企业，无论其规模多么庞大，终将被选择的暴力摧毁。这才是推动全球市场不断掀起并购浪潮的根本力量，而不是人们通常误以为的是资本在背后推动，资本只是被迫顺应顾客心智的力量。特劳特先生预言，与未来几十年相比，我们今天所处的竞争环境仍像茶话会一般轻松，竞争重心转移到心智将给组织社会带来空前的紧张与危机，因为组织存在的目的，不在于组织本身，而在于组织之外的社会成果。当组织的成果因未纳入顾客选择而变得没有意义甚至消失时，组织也就失去了存在的理由与动力。这远不只是黑格尔提出的因"历史终结"带来的精神世界的无意义，而是如开篇所引马克思的唯物史观所揭示的，关乎社会存在的根本柱石发生了动摇。

走进任何一家超市，或者打开任何一个购物网站，你都可以看见货架上躺着的大多数商品，都是因为对成果的定位不当而成为没有获得心智选择力量的、平庸的、同质化的产品。由此反推，这些平庸甚至是奄奄一息的产品背后的企业，及在这些企业中工作的人们，他们的生存状态是多么地令人担忧，这可能成为下一个社会急剧动荡的根源。

吊诡的是，从大数据到人工智能等科技创新不但没能缓解这一问题，反而加剧了这种动荡。原因很简单，新科技的运用进一步提升了组织内部的效率，而组织现在面临的挑战主要不在内部，而是外部的失序与拥挤。和过去的精益生产、全面质量管理、流程再造等管理工具一样，这种提高企业内部效率的"军备竞赛"此消彼长，没有尽头。如果不能精准定位，企业内部效率提高再多，也未必能创造出外部的顾客。

新生产工具：定位

在此背景下，为组织准确定义成果、化"选择暴力"为"选择动力"的新生产工具——定位（positioning），在1969年被杰克·特劳特发现，通过大幅提升企业创造顾客的能力，引发第三次生产力革命。在谈到为何采用"定位"一词来命名这一新工具时，特劳特先生说："《韦氏词典》对战略的定义是针对敌人（竞争对手）确立最具优势的位置（position）。这正好是定位要做的工作。"在顾客心智（组织外部）中针对竞争对手确定最具优势的位置，从而使企业胜出竞争赢得优先选择，为企业源源不断地创造顾客，这是企业需全力以赴实现的成果，也是企业赖以存在的根本理由。特劳特先生的核心著作是《定位》[一]《商战》[二]和《什么是战略》，我推荐读者从这三本著作开始学习定位。

定位引领战略

1964年，德鲁克出版了《为成果而管理》[三]一书，二十年后他回忆说，其实这本书的原名是《商业战略》，但是出版社认为，商界人士并不关心战略，所以说服他改了书名。这就是当时全球管理界的真实状况。然而，随着前两次生产力革命发挥出巨大效用，产能过剩、竞争空前加剧的形势，迫使学术界和企业界开始研究和重视战略。一时间，战略成为显学，百花齐放，亨利·明茨伯格甚至总结出了战略学的十大流派，许多大企业也建立了自己的战略部门。战略领域的权威、哈佛商学院迈克尔·波特教授总结了几十年来的研究成果，清晰地给出了一个明确并且被企业界和学术界最广泛接受的定义："战略，就是创造一种独特、有利的定位。""最高管理层的核心任务是制定战略：界定并宣传公司独特的定位，进行战略取舍，在各项运营活动之间建立配称关系。"波特同时指出了之前战略界众说纷纭的原因，在于人们未能分清"运营效益"和"战略"的区别。提高运营效益，意味着比竞争对手做得更好；而战略意味着做到不同，创造与众不同的差异化价值。提高运营效益是一场没有尽头的军备竞赛，可以模仿追赶，只能带来短暂的竞争优势；而战略则无法模仿，可以创造持续的长期竞争优势。

定位引领运营

企业有了明确的定位以后，几乎可以立刻识别出企业的哪些运营动作

[一][二][三] 这三本书中文版已由机械工业出版社出版。

加强了企业的战略,哪些运营动作没有加强企业的战略,甚至和战略背道而驰,从而做到有取有舍,集中炮火对着同一个城墙口冲锋,"不在非战略机会点上消耗战略竞争力量"(任正非语)。举凡创新、研发、设计、制造、产品、渠道、供应链、营销、投资、顾客体验、人力资源等,企业所有的运营动作都必须能够加强而不是削弱定位。

比如美国西南航空公司,定位明确之后,上下同心,围绕定位建立了环环相扣、彼此加强的运营系统:不提供餐饮、不指定座位、无行李转运、不和其他航空公司联程转机、只提供中等规模城市和二级机场之间的短程点对点航线、单一波音737组成的标准化机队、频繁可靠的班次、15分钟泊机周转、精简高效士气高昂的员工、较高的薪酬、灵活的工会合同、员工持股计划等,这些运营动作组合在一起,夯实了战略定位,让西南航空能够在提供超低票价的同时还能为股东创造丰厚利润,使得西南航空成为一家在战略上与众不同的航空公司。

所有组织和个人都需要定位

定位与管理一样,不仅适用于企业,还适用于政府、医院、学校等各类组织,以及城市和国家这样的超大型组织。例如岛国格林纳达,通过从"盛产香料的小岛"重新定位为"加勒比海的原貌",从一个平淡无奇的小岛变成了旅游胜地;新西兰从"澳大利亚旁边的一个小国"重新定位成"世界上最美丽的两个岛屿";比利时从"去欧洲旅游的中转站"重新定位成"美丽的比利时,有五个阿姆斯特丹"等。目前,有些城市和景区因定位不当而导致生产力低下,出现了同质化现象,破坏独特文化价值的事时有发生……同样,我们每个人在社会中也一样面临竞争,所以也需要找到自己的独特定位。个人如何创建定位,详见"定位经典丛书"之《人生定位》㊀，它会教你在竞争中赢得雇主、上司、伙伴、心上人的优先选择。

定位客观存在

事实上，已不存在要不要定位的问题，而是要么你是在正确、精准地定位，要么你是在错误地定位，从而根据错误的定位配置企业资源。这一点与管理学刚兴起时，管理者并不知道自己的工作就是做管理非常类似。由于对定位功能客观存在缺乏"觉悟"，即缺乏自觉意识，企业常常在不自觉中破坏已有的成功定位，挥刀自戕的现象屡屡发生、层出不穷。当一个品牌破坏了已有的定位，或者企业运营没有遵循顾客心智中的定位来配置资源，不但造成顾客不接受新投入，反而会浪费企业巨大的资产，甚至使企业毁灭。读者可以从"定位经典丛书"中看到诸如AT&T、DEC、通用汽车、米勒啤酒、施乐等案例，它们曾盛极一时，却因违背顾客心智中的定位而由盛转衰，成为惨痛教训。

创造"心智资源"

企业最有价值的资源是什么？这个问题的答案是一直在变化的。100年前，可能是土地、资本；40年前，可能是人力资源、知识资源。现在，这些组织内部资源的重要性并没有消失，但其决定性的地位都要让位于组织外部的心智资源（占据一个定位）。没有心智资源的牵引，其他所有资源都只是成本。企业经营中最重大的战略决策就是要将所有资源集中起来抢占一个定位，使品牌成为顾客心智中定位的代名词，企业因此才能获得来自顾客心智中的选择力量。所以，这个代名词才是企业生生不息的大油

㊀ 本书中文版已由机械工业出版社出版。

田、大资源,借用德鲁克的用语,即开启了"心智力量战略"(mind power strategy)。股神巴菲特之所以几十年都持有可口可乐的股票,是因为可口可乐这个品牌本身的价值,可口可乐就是可乐的代名词。有人问巴菲特为什么一反"不碰高科技股"的原则而购买苹果的股票,巴菲特回答说,在我的孙子辈及其朋友的心智中,iPhone的品牌已经是智能手机的代名词,我看重的不是市场份额,而是心智份额(大意,非原语)。对于巴菲特这样的长期投资者而言,企业强大的心智资源才是最重要的内在价值及"深深的护城河"。

衡量企业经营决定性绩效的方式也从传统的财务盈利与否,转向为占有心智资源(定位)与否。这也解释了为何互联网企业即使不盈利也能不断获得大笔投资,因为占有心智资源(定位)本身就是最大的成果。历史上,新生产工具的诞生,同时会导致新生产方式的产生,这种直取心智资源(定位)而不顾盈利的生产方式,是由新的生产工具带来的。这不只发生在互联网高科技产业,实践证明传统行业也完全适用。随着第三次生产力革命的深入,其他产业与非营利组织将全面沿用这一新的生产方式——第三次"更聪明地工作"。

伟大的愿景:从第三次生产力革命到第二次文艺复兴

第三次生产力革命将会对人类社会的"上层建筑"产生何种积极的影响,现在谈论显然为时尚早,也远非本文、本人能力所及。但对于正大步迈入现代化、全球化的中国而言,展望未来,其意义非同一般。我们毕竟错过了前面两次生产力爆炸的最佳时机,两次与巨大历史机遇擦肩而过(万幸的是,改革开放让中国赶上了这两次生产力浪潮的尾声),而第三次生产力浪潮中国却是与全球同步。甚至,种种迹象显示:中国很可能正走在第三次生产力浪潮的前头。继续保持并发展这一良好势头,中国大有希望。李泽厚先生在他的《文明的调停者——全球化进程中的中国文化定位》一文中写道:

注重现实生活、历史经验的中国深层文化特色,在缓和、解决全球化过程中的种种困难和问题,在调停执着于一神教义的各宗教、文化的对抗和冲突中,也许能起到某种积极作用。所以我曾说,与亨廷顿所说相反,中国文明也许能担任基督教文明与伊斯兰教文明冲突中的调停者。当然,这要到未来中国文化的物质力量有了巨大成长之后。

随着生产力的发展,中国物质力量的强大,中国将可能成为人类文明冲突的调停者。李泽厚先生还说:

中国将可能引发人类的第二次文艺复兴。第一次文艺复兴,是回到古希腊传统,其成果是将人从神的统治下解放出来,充分肯定人的感性存在。第二次文艺复兴将回到以孔子、庄子为核心的中国古典传统,其成果是将人从机器的统治下(物质机器与社会机器)解放出来,使人获得丰足的人性与温暖的人情。这也需要中国的生产力足够发展,经济力量足够强大才可能。

历史充满了偶然,历史的前进更往往是在悲剧中前行。李泽厚先生曾提出一个深刻的历史哲学:历史与伦理的二律背反。尽管历史与伦理二者都具价值,二者却总是矛盾背反、冲突不断,一方的前进总要以另一方的倒退为代价,特别是在历史的转型期更是如此。正是两次世界大战付出了惨重的伦理道德沦陷的巨大代价,才使人类发现了泰勒生产方式推动历史前进的巨大价值而对其全面采用。我们是否还会重演历史,只有付出巨大的代价与牺牲之后才能真正重视、了解定位的强大功用，从而引发第三次生产力革命的大爆发呢？德鲁克先生的实践证明，只要知识阶层肩负起对社会的担当、责任，我们完全可以避免世界大战的再次发生。在取得这一辉煌的管理成就之后，现在再次需要知识分子承担起应尽的责任，将目光与努力从组织内部转向组织外部，在顾客心智中确立定位，引领组织内部所有资源实现高效配置，为组织源源不断创造顾客。

现代化给人类创造了空前的生产力，也制造了与之偕来的种种问题。在超大型组织巨大的能力面前，每一家小企业、每一个渺小的个人，将如何安放自己，找到存在的家园？幸运的是，去中心化、分布式系统、网络社群等创新表明，人类似乎又一次为自己找到了进化的方向。在秦制统一大帝国之前，中华文明以血缘、家族为纽带的氏族部落体制曾经发展得非常充分，每个氏族有自己独特的观念体系："民为贵""以义合""合则留，不合则去"等。不妨大胆地想象，也许未来的社会，将在先进生产力的加持下，呈现为一种新的"氏族社会"，每个人、每个组织都有自己独特的定位，以各自的专长、兴趣和禀赋为纽带，逐群而居，"甘其食，美其服，安其居，乐其俗"，从而"各美其美，美人之美，美美与共，天下大同"。人类历史几千年的同质性、普遍性、必然性逐渐终结，每个个体的偶发性、差异性、独特性日趋重要，如李泽厚先生所言："个体积淀的差异性将成为未来世界的主题，这也许是乐观的人类的未来，即万紫千红百花齐放的个体独特性、差异性的全面实现。"在这个过程中，企业也将打破千篇一律的现状，成为千姿百态生活的创造者，生产力必然又一次飞跃。

人是目的，不是手段。这种丰富多彩、每个个体实现自己独特创造性的未来才是值得追求的。从第三次生产力革命到第二次文艺复兴，为中国的知识分子提供了一个创造人类新历史的伟大愿景。噫嘻！高山仰止，景行行止，壮哉伟哉，心向往之……

邓德隆

特劳特伙伴公司全球总裁

写于 2011 年 7 月

改于 2021 年 11 月

序二

定位理论
中国制造向中国品牌成功转型的关键

历史一再证明，越是革命性的思想，其价值被人们所认识越需要漫长的过程。

自 1972 年，美国最具影响力的营销杂志《广告时代》刊登"定位时代来临"系列文章，使定位理论正式进入世界营销舞台的中央，距今已 40 年。自 1981 年《定位》一书在美国正式出版，距今已经 30 年。自 1991 年《定位》首次在中国大陆出版（当时该书名叫《广告攻心战》），距今已经 20 多年。然而，时至今日，中国企业对定位理论仍然知之甚少。

表面上，造成这种现状的原因与"定位理论"的出身有关，对于这样一个"舶来品"，很多人还未读几页就迫不及待地讨论所谓洋理论在中国市场上"水土不服"的问题。根本原因在于定位所倡导的观念不仅与中国企业固有思维模式和观念存在巨大的冲突，也与中国企业的标杆——日韩企业的主流思维模式截然相反。由于具有地缘性的优势，以松下、索尼为代表的日韩企业的经验一度被认为更适合中国企业。

从营销和战略的角度，我们把美国企业主流的经营哲学称为A（America）模式，把日本企业主流经营哲学称为J（Japan）模式。总体而言，A模式最为显著的特点就是聚焦，狭窄而深入；J模式则宽泛而浅显。简单讨论二者的孰优孰劣也许是仁者见仁的问题，很难有实质性的结果，但如果比较这两种模式典型企业的长期盈利能力，则高下立现。

通过长期跟踪日本企业和美国企业的财务状况，我们发现，典型的J模式企业盈利状况都极其糟糕，以下是日本六大电子企业在1999～2009年10年间的营业数据：

日立销售收入84 200亿美元，亏损117亿美元；

松下销售收入7340亿美元，亏损12亿美元；

索尼销售收入6960亿美元，税后净利润80亿美元，销售净利润率为1.1%；

东芝销售收入5630亿美元，税后净利润4亿美元；

富士通销售收入4450亿美元，亏损19亿美元；

三洋销售收入2020亿美元，亏损36亿美元。

中国企业普遍的榜样、日本最著名的六大电子企业10年间的经营成果居然是亏损108亿美元，即使是利润率最高的索尼，也远低于银行的贷款利率（日本大企业全仰仗日本政府为刺激经济采取对大企业的高额贴息政策，资金成本极低，才得以维持）。与日本六大电子企业的亏损相对应的是，同期美国500强企业平均利润率高达5.4%，优劣一目了然。由此可见，从更宏观的层面看，日本经济长期低迷的根源远非糟糕的货币政策、金融资产泡沫破灭，而是J模式之下实体企业普遍糟糕的盈利水平。

定位理论正是由于对美国企业的深远影响，成为"A模式背后的理论"。自诞生以来，定位理论经过四个重要的发展阶段。

20世纪70年代：定位的诞生。"定位"最为重要的贡献是在营销史上指出：营销的竞争是一场关于心智的竞争，营销竞争的终极战场不是工厂也不是市场，而是心智。心智决定市场，也决定营销的成败。

20世纪80年代：营销战。20世纪70年代末，随着产品的同质化和市场竞争的加剧，艾·里斯和杰克·特劳特发现，企业很难仅通过满足客户需求的方式在营销中获得成功。而里斯早年的从军经历为他们的营销思想带来了启发：从竞争的极端形式——战争中寻找营销战略规律。（实际上，近代战略理论的思想大多源于军事领域，"战略"一词本身就是军事用语。）1985年，《商战》出版，被誉为营销界的"孙子兵法"，其提出的"防御战""进攻战""侧翼战""游击战"四种战略被全球著名商学院广泛采用。

20世纪90年代：聚焦。20世纪80年代末，来自华尔街年复一年的增长压力，迫使美国的大企业纷纷走上多元化发展的道路，期望以增加产品线和服务的方式来实现销售与利润的增长。结果，IBM、通用汽车、通用电气等大企业纷纷陷入亏损的泥潭。企业如何获得和保持竞争力？艾·里斯以一个简单的自然现象给出了答案：太阳的能量为激光的数十万倍，但由于分散，变成了人类的皮肤也可以享受的温暖阳光，激光则通过聚焦获得能量，轻松切割坚硬的钻石和钢板。企业和品牌要获得竞争力，唯有聚焦。

新世纪：开创新品类。2004年，艾·里斯与劳拉·里斯的著作《品牌的起源》出版。书中指出，自然界为商业界提供了现成模型。品类是商业界的物种，是隐藏在品牌背后的关键力量，消费者"以品类来思考，以品牌来表达"，分化诞生新品类，进化提升新品类的竞争力量。他进一步指出，企业唯一的目的就是开创并主导新品类，苹果公司正是开创并主导新品类取得成功的最佳典范。

经过半个世纪以来不断的发展和完善，定位理论对美国企业以及全球企业产生了深远的影响，成为美国企业的成功之源，乃至美国国家竞争力的重要组成部分。

过去40年的实践同时证明，在不同文化、体制下，以"定位理论"为基础的A模式企业普遍具有良好的长期盈利能力和市场竞争力。

在欧洲，20世纪90年代初，诺基亚公司受"聚焦"思想的影响，果断砍掉橡胶、造纸、彩电（当时诺基亚为欧洲第二大彩电品牌）等大部分业务，聚焦于手机品类，仅仅用了短短10年时间，就超越百年企业西门子成为欧洲第一大企业。（遗憾的是，诺基亚并未及时吸收定位理论发展的最新成果，把握分化趋势，在智能手机品类推出新品牌，如今陷入新的困境。）

在日本，三大汽车公司在全球范围内取得的成功，其关键正是在发挥日本企业在产品生产方面优势的同时学习了A模式的经验。以丰田为例，丰田长期聚焦于汽车领域，不断创新品类，并启用独立新品牌，先后创建了日本中级车代表丰田、日本豪华车代表雷克萨斯、年轻人的汽车品牌赛恩，最近又将混合动力汽车品牌普锐斯，这些基于新品类的独立品牌推动丰田成为全球最大的汽车企业。

同属电子行业的两家日本企业任天堂和索尼的例子更能说明问题。索尼具有更高的知名度和品牌影响力，但其业务分散，属于典型的J模式企业。任天堂则是典型的A模式企业：依靠聚焦于游戏机领域，开创了家庭游戏机品类。尽管任天堂的营业额只有索尼的十几分之一，但其利润率一直远超过索尼。以金融危机前夕的2007年为例，索尼销售收入704亿美元，利润率1.7%；任天堂销售收入43亿美元，利润率是22%。当年任天堂股票市值首次超过索尼，一度接近索尼市值的两倍，至今仍保持市值上的领先优势。

中国的情况同样如此。

中国家电企业普遍采取J模式发展，最后陷入行业性低迷，以海尔最具代表性。海尔以冰箱起家，在"满足顾客需求"理念的引导下，逐步进入黑电、IT、移动通信等数十个领域。根据海尔公布的营业数据估算，海尔的利润率基本在 1% 左右，难怪海尔的董事长张瑞敏感叹"海尔的利润像刀片一样薄"。与之相对应的是，家电企业中典型的 A 模式企业——格力，通过聚焦，在十几年的时间里由一家小企业发展成为中国最大的空调企业，并实现了 5%~6% 的利润率，与全球 A 模式企业的平均水平一致，成为中国家电企业中最赚钱的企业。

实际上，在中国市场，各个行业中发展势头良好、盈利能力稳定的企业和品牌几乎毫无例外都属于 A 模式，如家电企业中的格力、汽车企业中的长城、烟草品牌中的中华、白酒品牌中的茅台和洋河、啤酒品牌中的雪花等。

当前，中国经济正处于极其艰难的转型时期，成败的关键从微观来看，取决于中国企业的经营模式能否实现从产品贸易向品牌经营转变，更进一步看，就是从当前普遍的 J 模式转向 A 模式。从这个意义上讲，对于 A 模式背后的理论——定位理论的学习，是中国企业和企业家的必修课。

令人欣慰的是，经过 20 年来著作的传播以及早期实践企业的示范效应，越来越多的中国企业已经投入定位理论的学习和实践之中，并取得了卓越的成果，由此我们相信，假以时日，定位理论也必将成为有史以来对中国营销影响最大的观念。如此，中国经济的成功转型，乃至中华民族的复兴都将成为可能。

张云

里斯伙伴中国公司总经理

2012 年 2 月于上海陆家嘴

20周年版序

回顾过去,《商战》初版之时,大竞争时代还未到来。当时,"全球经济"这一术语尚未诞生。如今⊖我们司空见惯的各种科技,当时还只是某些硅谷工程师眼中的智慧火花,而全球贸易也只是少数跨国公司所从事的商业活动。

如今一切都变了。相比今日的市场竞争环境,我们当初描绘的商业就像是一个轻松的茶话会。如今,商战正在全球各地爆发和升级。在世界的每个角落,每家企业都在争夺其他企业的生意。

所有这一切意味着,《商战》所述的战略原则比以往任何时候都更加重要。企业必须学会如何应对竞争,学会如何避开竞争对手的强势和利用它们的弱点。企业高层必须明白,不要让你为自己的企业流血牺牲,而是让其他人为他的企业流血牺牲。

⊖ 本书正文中的"如今""现在"等,指该书出版时的1986年;图片批注中的"如今""现在"等,指该书再版时的2006年。——译者注

不论你经营的是大型企业、中型企业还是小型企业，《商战》将为企业在 21 世纪的生存和发展提供恰当的战略模式。

本书的内容是在商学院中绝对学不到的。

前言

为什么要重新出版一本有20年历史的书呢？尤其是老版本还在刊印中（查看亚马逊发现，《商战》在该网站上的销售排名是第9706位）。

《商战》历经20年仍在刊印，大多数商业类书籍都做不到这一点，单此一项就足以使本书再版。其次，在我们为许多企业提供咨询服务的过程中发现，它们忽略了自己原本应该采用的战略。

《商战》是一本有关战略的书，这不同于我们所写过的许多其他书，它们大部分涉及战术做法建议。经常有企业遭遇失败时会说："你们在书中说这是一个好办法，但是根本不奏效。"例如，我们经常建议企业推出第二品牌，很多企业试着这样去做了，但鲜有成功。当我们听说此类情况后，通常要这些企业回到战略上去审视："你们只是一家小企业，应该打游击战，而不是像行业领导者那样推出第二品牌。"

此外，大企业经常错过推出第二品牌的机会。它们固守单一品牌，这本应是打侧翼战和游击战的企业采取的最佳战略。还有，基于"行业老大做什么都对"的错误假设，那些位于行业第二的企业试图模仿行业领导者。其实，处于行业第二的企业真正应该做的是制定与行业领导者截然相反的战略。许多企业管理者都忽略了，制定任何战略首先要回答一个问题："我们该采取何种战略形式？"

本书推崇的英雄是卡尔·冯·克劳塞维茨，他撰写的《战争论》出版于1832年，经久不衰，并且至今仍然被世界各地的军事学院或研究院学习和研究。

如果《商战》能同样经久不衰，我们将荣幸之至。

4种战略形式

1. 防御战适用于市场领导者。

2. 进攻战适用于位居市场第二的企业。

3. 侧翼战适用于规模再小一些的企业。

4. 游击战适用于本地或区域型企业。

防御战

(defensive warfare)

1. 只有市场领导者才能打防御战。
2. 最佳的防御就是有勇气自我攻击。
3. 必须封锁对手的强势进攻。

进攻战

(offensive warfare)

1. 领导者的强势地位是重要考量因素。
2. 找到领导者强势中的弱点进行出击。
3. 尽可能地收缩战线。

侧翼战

(flanking warfare)

1. 最佳的侧翼战应该在无争地带进行。
2. 战术奇袭应该成为作战计划中最重要的一环。
3. 追击与进攻同等重要。

游击战

(guerrilla warfare)

1. 找到一块小得足以守得住的阵地。
2. 无论多么成功,绝不能像领导者那样行动。
3. 随时准备撤退,游击队只要活下来就可以再战斗。

MARKETING WARFARE

引言

商业即战争

> 战争属于商业竞争范畴,同样也是一种人类利益和活动的冲突。
>
> ——卡尔·冯·克劳塞维茨

商业竞争方面最优秀的著作并非出自哈佛大学教授之手,也不是就职于通用汽车、通用电气或宝洁公司的人士所写。我们认为,商业竞争方面最佳的书籍是由一位名叫卡尔·冯·克劳塞维茨的普鲁士退役将军所写,该书就是出版于1832年的《战争论》(On War),书中概括了所有成功战役背后所隐含的战略思想。

《战争论》中的每个观念都与商业竞争直接相关。正如克劳塞维茨所言:"战争属于商业竞争范畴。"

克劳塞维茨是一位伟大的战争思想家,他的思想和观念历经150年不衰。直到现在,《战争论》中的思想仍被美国西点军校、英国陆军军官学校和法国圣西尔军校所广泛引用。

自从《战争论》出版以来,战争已经发生了翻天覆地的变化。坦克、飞机、机关枪以及大量新式武器被广泛应用,但克劳塞维茨的思想在今天仍然适用。

克劳塞维茨第一个提出,武器可以日益先进,但是战争本身基于两个亘古不变的特征:战略和战术。他对战争中战略原则的清晰阐述,可以成功地引导军事指挥官步入21世纪的战场。

商业需要新思想

传统观念认为,商业成功的关键在于满足顾客的需求。

美国西北大学的菲利普·科特勒(Philip

Kotler）教授认为，营销就是"人类通过交换过程来满足人们需求的活动"。

美国营销协会认为，营销是"引导商品和服务从生产者向消费者流动的商业行为"。

密歇根州立大学的E.杰罗姆·麦卡锡（E. Jerome McCarthy）认为，营销是"企业通过预测顾客或客户的需求，引导和提供满足需求的商品和服务从生产者流向顾客或客户，从而达成目标绩效"。

1973年，哥伦比亚大学的约翰A.霍华德（John A.Howard）提出的营销的概念或许是对"需要和需求"理论最完整的解释。霍华德认为营销包括下列过程：

（1）定义顾客需求；

（2）根据组织的生产能力将需求概念化；

（3）向组织高层传递该概念；

（4）根据上述需求定义产出；

（5）向顾客诉求该概念。

这五个步骤用于现今的市场环境就能获得商业成功吗？通过定义、沟通和传递需求就能使美国汽车公司成功地与通用汽车、福特和克莱斯勒公司抗衡吗？更别提还有丰田、达特桑、本田以及其他一些进口车的竞争了。

假定美国汽车公司㊀是在辨明顾客需求的基

美国营销协会于2005年对"营销"这一概念发布了新的定义："营销具有组织职能并建立了一系列流程，包括创造、沟通、向顾客传递价值和管理顾客关系，以使组织和股东从中受益的行为"（仍旧没有提及竞争）。

㊀ 指American Motors这家公司，而不是指所有的美国汽车公司。——译者注

同样，通用汽车公司也借用军用车的概念，向消费者推出了"悍马"，这是通用汽车近年来为数不多的成功范例。然而，由于油耗过高，"悍马"的成功也许只是短暂的。

础上制定产品策略，那么结果必然是，其产品线将和通用汽车一模一样，因为后者同样花费了上百万美元对相同的市场做调研，以发现顾客需求。

难道这就是商业竞争的全部吗？难道胜利属于在市场调研中做得更好的一方吗？

显然，这其中存在问题。当美国汽车公司不再理会顾客需求时，它却成功得多。它的吉普车，一款来源于军用车型的产品就是一个成功的例子，而美国汽车公司响应顾客需求生产出来的轿车却一败涂地。

焦点小组访谈㊀不可能启发出像吉普车这样的产品。同样，满足顾客需求也无法帮助市场落后者与领导者相抗争。

顾客导向

一直以来，企业中的市场部门总是以顾客为导向，它们一再提醒企业管理层要以顾客为导向，而不是以生产为导向。第二次世界大战后，"顾客是上帝"的理念至高无上，一直统治着全球商业界。

但是，"顾客是上帝"这一理念早已过时了，而市场部门似乎仍向最高管理层兜售这个毫无价

㊀ 焦点小组访谈，又称小组座谈，就是采用小型座谈会的形式，由一个主持人与一个小组具有代表性的消费者或客户交谈，从而获得对有关问题的深入了解。——译者注

值的观念。许多企业忠实地执行这些市场专家的建议,然而在付出种种努力后,看到的是上百万美元打了水漂,并给企业带来巨大的灾难。

为了看清我们如何陷入当下困境,我们得回溯到20世纪20年代。那时的商业是以生产为导向,"只生产单一黑色车型"的福特汽车正处于鼎盛期。在以生产为导向的年代,企业家发现了广告的妙用。广告专家说:"广告宣传创造了大众需求,从而使大规模生产成为可能。"直到第二次世界大战后,龙头企业开始以顾客为导向,市场营销专家统领一切,市场调研成了首要任务。

可是,现今每家公司都是以顾客为导向。如果许多企业都在努力满足同样一批顾客的需求,那么只是满足顾客的需求已无多大用处。美国汽车公司的问题并不在于满足顾客需求,而在于如何与通用汽车、福特、克莱斯勒以及其他进口品牌汽车竞争。

20世纪20年代,商业以生产为导向。

20世纪50年代,商业以顾客为导向。

竞争导向

今日的企业若要成功,就必须以竞争为导向。企业必须从竞争对手的定位中寻找弱点,然后针对那些弱点发动进攻。

许多成功的案例就证明了这一观点。例如,美国数字设备公司(DEC)利用IBM的弱点,在

如今，商业必须以竞争为导向。关于这一点，现在要比本书刚出版时更为显而易见。一个质量上乘的产品不足以确保其在市场竞争中获得成功。在当今的商业环境中，要确保竞争优势，你必须做到与众不同。

小型计算机领域出击，盈利颇丰，而其他企业只知道盲目跟随和满足顾客需求，亏损惨重。

同样，赛文公司（Savin）成功地占领了小型廉价复印机这一滩头阵地，这正是施乐复印机系列产品的一个薄弱环节。

在竞争激烈的可乐市场中，百事可乐用更甜的味道向可口可乐发起挑战。与此同时，汉堡王用"火烤而非油炸"对麦当劳发起了进攻。

有些人会说，一直以来，每一份精心筹划的商业计划都包含对竞争对手分析的部分，的确如此，通常在商业计划书的最后一部分，称为"竞争评估"。然而，计划方案的大部分内容所涉及的却是市场情况，阐述各个细分市场，包括从无数的焦点小组访谈、试验样板以及市场测试中仔细整理出来的研究数据。

未来的商业计划

在未来的商业计划中，将有更大一部分关于竞争对手的分析。这类计划会仔细地剖析市场中的每个参与者，并相应列出对手的优势与弱点，同时制订出行动计划，以抵御其优势，利用其弱点。

将来甚至有一天，这类商业计划书中将包含每位竞争对手的主要企业高管的基本介绍，包括他们最惯用的战术以及做事风格,就像第二次世界大战中德军拥有盟军将领的档案一样。

这一切对将来的企业高管意味着什么?

这意味着他们必须做好发动商战的准备。成功的商战会越来越像军事行动,企业必须制订出一整套作战计划。战略规划将变得越来越重要。企业必须学会如何对竞争对手发起正面进攻或侧翼包抄,如何坚守自己的定位,如何以及何时发动游击战。企业需要更多情报来预测竞争对手的动向。

从个人层面而言,成功的企业家必须拥有军事将领般的特质:勇敢、忠诚和坚毅。

克劳塞维茨可能是对的

商业就是战争,竞争对手就是敌人,目标就要赢得胜利。

这是否小题大做?并非如此。让我们把足球比赛同商业竞争做个比较。在足球赛中,进球最多的球队获胜;在商业竞争中,销量最大的企业获胜。在这一点上,两者是一致的。

在军事战争中,两支或多支军队为争夺领土的控制权而展开战斗。例如,在伊拉克,美国及其盟军为了获得控制权与当地武装分子展开战斗。

但是,我们用商业中使用的方法来踢一场足球赛,结果会如何呢?

我们把一位经理安插到一支足球队中,让他把球门当作进球点(即实现销售),然后看这位经理如何组织队伍，带球直冲球门。

即便你不是体育专家，也能看出球赛中直接进攻可能会导致失败。在足球比赛中，要以智取胜、以巧取胜、以强取胜，记分牌上的进球数正是对你这些能力的反映。

同样，在战争中，要以智取胜、以巧取胜、以强取胜，你所占领的阵地也正是对你这些能力的反映。

难道商业竞争不是这样吗？为什么那么多关于商业成功的定义中几乎从未提及"竞争"一词，也没有提及商业的本质特征呢？

当今商业的本质特征就是企业间的竞争，而不是满足顾客需求。如果人们的需求在商业竞争中得到了满足，那么为了公众的利益就应该让商战持续下去，但千万不要忘记什么才是商业竞争的本质。

在商战中，两个或更多的公司为争夺顾客而战。与军事战争不同，商战永不停息。

为商战正名

有人可能会反对把军事思维直接用于商业竞争。战争令人生畏，更不要说把它引入和平时期了。

反对自由企业制度的人可能也反对市场参与者实践商战的原则，那就随他便吧。

甚至那些赞成自由企业制度的人也认为，将

> 商战就是企业运用战略和战术去赢得市场竞争。

在卡尔·冯·克劳塞维茨和其他很多伟大军事思想家的启发下，我们对商战提出一个新定义。

市场竞争比作"商战",说得有点过火。如果你是其中之一,我们劝你考虑一下"战争"这一比喻的结果,而非这一比喻本身。

对过去十多年美国商业史的一项调查表明,如果采用战争思想,美国无线电公司、施乐公司、西部联盟等企业许多记录在案的巨额财务亏损完全可以避免。研究战争并非只是研究怎样取胜,如何避免失败同样重要。美国经济更要提防的是大企业无节制和无意识的鲁莽行为,而不是商业角斗士运用战争艺术巧妙地进行竞争。

如果你想参与自由企业竞争,就理应学习一下商战原则。

安然、世通、环球电讯和阿德尔菲亚(Adelphia)是最新的几个例子。公众关注的是企业高管的欺诈行为,然而问题的关键不是欺诈,而是欺诈性战略。例如,安然通过实施多元化进入众多不同行业,就犯了军事上的典型错误——兵力分散。安然原本是一家天然气管道公司,后来相继进入贸易、通信、气象安全、建筑开发和电厂运营等领域。如果安然一直聚焦于利润丰厚的天然气管道业务,它就没有理由做假账了。

MARKETING WARFARE

第 1 章
01

长达2500年的战争史

> 基本原则：兵力原则。无论何时，都应该首先尽力做到这一点。
> ——卡尔·冯·克劳塞维茨

如果商业就是战争，那么我们就要从中有所借鉴。我们以研究战争史开始，因为战争史本身就有许多值得研究的东西。

根据威尔·杜兰特（Will Durant）和阿里尔·杜兰特（Ariel Durant）的论述，在过去有文字记载的3438年历史中，只有268年没有发生过战争。早期历史大都详细记载了成功的军事战役和战斗。

早在耶稣基督诞生之前，世界各地就已有正规部队在战场上短兵相接。在无数的两军对垒过程中，军事战略日臻完善。

马拉松战役：公元前490年

公元前490年，1.5万波斯士兵⊖在雅典西北部的马拉松海湾登陆，在那里，他们面对的是1.1万雅典士兵。希腊士兵虽在数量上处于劣势，但他们拥有一个很大的优势，即步兵方阵，每个希腊士兵都举起盾牌，盾牌交叠，既保护了自己，同时又在一定程度上保护了位于自己左侧的人。

波斯人习惯于单打独斗，对这种步兵方阵的格斗形式无所适从。这样，仅仅200名雅典士兵就击败了6000名波斯士兵。这成为经典的赫兹（Hertz）对安飞士（AVIS）战役的早期翻版。

希腊的步兵方阵具有革命性的理念，它使得士兵们能够协同作战。在商业中，同样的理念被称为"聚焦"，是一种实现商业突破的有力手段。

⊖ 波斯，就是现在的伊朗。——译者注

在马拉松战役中,人们学会了"集中兵力、团结作战"的军事战略思想。

当然,我们今天之所以能记住这一事件,是因为士兵菲迪皮茨(Pheidippides)的英勇行为。他跑了 35 000 多米到雅典传递信息,一到达就冲口而出:"庆祝吧!我们胜利了!"说完随即倒地而亡。

现在,马拉松长跑运动员要跑 42 000 多米。当然,他们在赛前不必先同波斯士兵打仗。

阿贝拉战役:公元前 331 年

在马拉松战役过后 150 年,亚历山大大帝的势力崛起。亚历山大是亚里士多德的学生,喜欢《荷马史诗》,他勇敢而谨慎,就像是早期的托马斯·沃森⊖(Thomas Watson)。

在多瑙河畔取得多次胜利后,亚历山大匆忙回家,却发现大流士(Darius)领导下的波斯军队又来寻找麻烦。大流士从 300 名智士中选了德摩斯梯尼(Demosthenes)(德摩斯梯尼可以算得上是最早的广告人了),他到处散播谣言说亚历山大的军队已经灭亡。

厉兵秣马数年后,一场决战于公元前 331 年在阿贝拉爆发。历史上对大多数的军事战役的记

同许多伟大的军事指挥官一样,亚历山大大帝总是身先士卒,因此多次受伤。亲自参战的主要优势是能够及时调整战术。阿贝拉战役中,他带领机动骑兵侧翼包抄波斯军队,从而获得胜利。商场如战场,能迅速调配兵力通常是制胜的关键。

⊖ 托马斯·沃森,IBM 公司创始人。——译者注

载都非常详尽，就算是在2300多年后的今天，我们仍能看到交战双方军队的战斗序列（试问，宝洁公司有哪一份商业计划能够保存2000多年）。

大流士以传统的方式组织兵力，阵前是15头大象和200辆战车；而亚历山大则更有创造性，他取胜的关键在于在军队的两个侧翼安排了骑兵，这一队形在其后的2000年里被不同形式地加以运用。战斗以亚历山大军队右翼骑兵的翼形进攻开始，这个阵势诱使波斯军队袭击亚历山大军队的左翼，却没料到亚历山大率领其灵活机动的骑兵绕到敌人中后部，从右侧击溃了波斯军队。

亚历山大大获全胜，成为"王中之王"。用20世纪军事思想家B.H.李德·哈特（B.H.Liddell Hart）的话来说，亚历山大所运用的战略是以"间接路线"克敌制胜。

哈特认为，一支成功的军队应该"出奇制胜"。

梅陶鲁斯河战役：公元前207年

下一个出场的是著名军事强国罗马。在公元前207年梅陶鲁斯河流域，罗马充分证明了其强大的战斗力。

当时，迦太基（现在的黎波里）军队正在进攻意大利。迦太基军队由两兄弟率领，即南方的汉尼拔（Hannibal）和北方的哈斯杜鲁巴

大象虽具力量优势，但缺乏灵活性。在梅陶鲁斯河战役中，尼禄巧妙地调动他的罗马军队打败了哈斯杜鲁巴及其战象。

（Hasdrubal），他们用大象作为头阵，成为20世纪装甲作战的始祖。

然而，两兄弟将兵力分散的做法是错误的。尼禄[⊖]（Nero）教给了他们经典的军事原则，即集中优势兵力原则。

尼禄首先率兵南下，向汉尼拔的方向进发，但夜幕降临后，他突然调头北上，令部队急速行军。经过历史上最艰苦的一次行军后，尼禄同罗马将军波尔基乌斯（Porcius）和利维尤斯（Livius）会合，当时他们正与汉尼拔的兄弟哈斯杜鲁巴交战。

这场战斗就像是阿贝拉战役的重演。尼禄率领军队的右翼绕过哈斯杜鲁巴的左翼。这次进攻出人意料的成功。尼禄赢得了战争史上空前绝后的胜利。

然而，新闻界偏爱失败者而非胜利者，所以我们今天只记住了250年后那位与尼禄同名的暴君。就连汉尼拔和他的战象也比尼禄将军更出名。用行话说，这就叫："胜利者私下谈笑，失败者占据新闻头条。"

黑斯廷斯战役：公元1066年

大约1000年以后，在英国黑斯廷斯小镇又有

⊖ 这里尼禄是将军，不是著名的小提琴家。

一条70米长的贝叶挂毯向我们讲述了诺曼骑士在黑斯廷斯战役中攻击哈罗德国王的故事。

一场漂亮的战役。在这里,诺曼人在威廉(又称"征服者威廉")的领导下,改变了历史进程。当时,与诺曼人对阵的是国王哈罗德和他的撒克逊士兵。

同多数战役一样,不管是军事战争还是商战,在黑斯廷斯,双方进行着拉锯战。最后,威廉做出了一个重大决定:诺曼人攻击的主要目标应该是作为统帅的哈罗德国王本人。

于是,威廉派出20名诺曼骑士突破撒克逊防线,去擒拿哈罗德(而如今,我们会派出20名律师,携带一些5年期的合同)。4名诺曼骑士擒获了哈罗德国王,并立即将他处死了。

事实证明威廉是对的。撒克逊人看到他们的国王死了,防线立即崩溃,威廉大获全胜。

克雷西战役:公元1346年

但是,战争就像商业一样,从不会是单方面的。1346年,英国在克雷西向法国进行了报复。

英王爱德华三世取得胜利的关键在于使用了英式长弓,这一技术突破就像商战中一种新产品的面世。有了英式长弓(好比在14世纪有了机枪),步兵和弓箭手头一回能够顽强地抵抗骑兵(擒获可怜的哈罗德国王的那种骑兵)。

在军事历史上,很少有武器像英式长弓这样具有革命性的科技突破。英式长弓让英国人在战场上称雄了好几十年。

但是,英式长弓虽然比石弓快6倍,但需要

技能和训练才能操作。英式长弓的拉力为45公斤，射程是183米。要成为一名合格的弓弩手需要6年的时间。

这就是为什么在古代英国，星期天的射箭训练是强制性的，而去教堂做礼拜却不是。

69年后，在1415年的阿金库尔战役中，法军仍然没有吸取上次教训。在这场战役中，5500名英军打败了20 000名法军。骑兵又一次输给了英式长弓。

商战中有没有可能对抗一个强大的对手呢？

当然是可能的，但是你需要一把英式长弓。例如，哈罗伊德公司（施乐）的静电复印术，以及宝丽来公司的兰德照相机都是这样的"长弓"。

在军事战役中，极少数是由武器优势决定胜败的，阿金库尔战役便是其中一例。商业也是如此。然而，企业经营者经常会误将微弱的技术优势当作"长弓"，并轻率地向防卫坚固的对手发起进攻，结果通常是以失败告终。

魁北克战役：公元1759年

1759年，法国军队在魁北克又一次遭遇惨败。在詹姆斯·沃尔夫（James Wolfe）将军率领下，英军出奇制胜。英国步兵在魁北克后方沿河而下，翻越"无法攀越"的峭壁，到达亚伯拉罕平原。

就像军事战役一样，商战中克敌制胜的最佳途径并非一定是正面进攻。要搞清楚，哪种途径最能动摇对手的根基？

不幸的是，詹姆斯·沃尔夫将军没能活着

魁北克战役是侧翼战成功的又一例证。英军步兵沿河而下，翻越绝壁，从后方奇袭了法国军队。

享受到这一胜利的果实。他的对手路易斯·约瑟夫·德·蒙卡尔姆（Louis Joseph de Montcalm）侯爵也未能幸存。这提醒我们，不管是在军事战争中还是在商战中，都会有伤亡。

对于双方而言，都是如此。

邦克山战役：1775 年

仅在 16 年之后，战火就烧到美国家门口了。在波士顿郊外的邦克山，爆发了美国独立战争中最著名的战役。

谈起美国人对战争史方面的了解，我们感到悲哀，因为一般美国人并不知道邦克山战役发生在哪座山上，也不知道战役中哪方最终获胜了。

指挥官威廉·普雷斯科特（William Prescott）率领 1000 名美国士兵在离邦克山不远处的布雷德山顶挖了战壕，他命令士兵："在看到敌人的眼白之前，不要开火。"下午 3 时，3000 名英军在威廉·豪（William Howe）将军的率领下向山顶进攻。美国士兵屏住火力，直到身着红色军服的英军只有 40 多米远时才开火。

那是一场血战！如同向所有严密设防的战壕进行正面进攻一样，英军伤亡惨重，参战的 3000 名英军中有 1000 多人战死。

谁是最终胜利者？当然是英军。美军最终折

在一次正面袭击遭受巨大的伤亡后，英国军队最终占领了布雷德山。这是一场直到今日仍很有名的战役。

载而归，因为，英军人数是美军的三倍，两军的兵力相差太悬殊了。

特伦顿战役：1776年

几乎每个人都知道1776年的特伦顿战役。在这场战役中，乔治·华盛顿（George Washington）将军在圣诞夜带兵横渡德拉瓦河，痛击了黑森雇佣兵主力，对吗？

不对。事实上，华盛顿军队的人数超过了黑森雇佣兵（2000∶1500）。突然袭击加上兵力优势以及夜色掩护，使华盛顿成为那一天的胜者。

商战也是如此，不要低估克劳塞维茨的兵力原则——胜利通常属于更强大的一方。拿破仑·波拿巴（Napoleon Bonaparte）说："上帝站在兵力多的一方。"

乔治·华盛顿使用优势兵力发动奇袭战，赢得了他最负盛名的特伦顿战役。当你在商战中也能如此，胜利几乎是毫无悬念的。

奥斯特利茨战役：1805年

但是，1805年拿破仑在奥斯特利茨取得重大军事胜利时，他的兵力并不占优势。

拿破仑的优势是灵活性。他诱使俄奥盟军攻打其右翼，然后他灵活地调动左翼袭击敌人薄弱的中部，结果大获全胜。拿破仑获胜的关键在于调兵神速，他声称，在同一时间内他的军队的行

拿破仑可能是历史上最杰出的军事战略家。他总是对敌军的势力进行细致评估，据此选择决战地点和部署兵力。企业家应该效仿他，详尽地研究对手是制定有效战略的第一步。

军速度是敌军的两倍。他说:"我可以输掉一场战斗,但我绝不输掉一分钟。"

商战又是如何呢?有多少分钟、多少小时、多少天甚至多少星期都浪费在市场规划、市场调研和市场测试中了呢?宝贵的时间经常被浪费掉,眼看着就要成功了,结果因为贻误时机而遭遇了失败。

1812年,在博罗季诺战役中,拿破仑忘记了奥斯德利茨战役的成功经验。他不顾参谋们的反对,以优势兵力正面进攻俄军,结果在敌军化为乌有之前,已有3万名法国士兵阵亡。这一场面在一个多世纪后又被阿道夫·希特勒重演。

滑铁卢战役:1815年

继博罗季诺战役3年之后,1815年,在比利时的一个小镇滑铁卢,威灵顿公爵阿瑟·韦尔斯利(Arthur Wellesley)结束了拿破仑的光复之旅。

在滑铁卢战役,实际上拿破仑在兵力上略占优势,他与威灵顿的兵力之比是74 000∶67 000。但是,拿破仑当时为进攻一方,威灵顿却可以按兵不动。拿破仑知道,他必须在普鲁士军队赶来增援英军和盟军之前发起攻势。

克劳塞维茨的第二条战争原则是防御优势原则,一个精心布置的防御阵地固若金汤,难以攻克。

电影《滑铁卢战役》中威灵顿由克里斯托弗·普卢默扮演,拿破仑由罗德·斯泰格尔扮演。很自然,饰演失败者的罗德·斯泰格尔成了主角。尽管拿破仑非常杰出,但在滑铁卢战役及其他历史上的军事战役中,都是防守方占了上风。请注意我们有关美国汽车公司的评论。美国汽车公司多年来一直在向领导者发动进攻,但都以失败告终,最终被克莱斯勒公司收购。克莱斯勒只保留了吉普这个品牌,其他品牌全部摒弃。令人困惑的是,为什么美国汽车公司当初不这么做?结果,由吉普开创出来的SUV,后来成为美国汽车业规模最大且利润率最高的市场。"放弃失败业务,集中资源于优势业务"几乎总是最有效的商业战略。

因此,根据竞争和资金投入情况,我们可以预计,雪佛兰将是今年销量最高的汽车,佳洁士将是销量最好的牙膏,麦当劳将是最大的快餐企业。

1815年6月18日晚7时30分,暮色渐浓,拿破仑开始了最后一搏。他命令10个营的皇家卫队向英军中部发起正面进攻,命令士兵:"冲锋,往前冲!"

克劳塞维茨说:"拿破仑用上了最后的兵力,企图挽回一场不可挽回的战斗。他孤注一掷,用尽了自己最后一点兵力,最终像乞丐一样丢掉了阵地,也丢掉了皇位。"

拿破仑在滑铁卢的遭遇给底特律的美国汽车公司带来什么启示呢?

它们是否可以放弃低利润的乘用车业务,而聚焦于高利润吉普车业务来重建行业地位呢?

克劳塞维茨说:"有条件的投降并不耻辱。一位将军不能在战斗中打到弹尽粮绝,一名优秀的棋手也不会下一盘败局已定的棋。"

巴拉克拉瓦战役:公元1854年

在巴拉克拉瓦,英军在拉格伦(Raglan)勋爵率领下同俄军交战,俄军的统帅是……谁知道呢?记住,胜利者总是无名的(谁是通用汽车公

巴拉克拉瓦战役中,轻骑旅的冲锋是错误的,他们误解了命令。然而,类似的错误每天都在商战中上演:弱势企业向强势企业发动正面进攻。这是多么荒唐的事!

司的总裁,谁是宝洁公司的总裁)。

在巴拉克拉瓦,爆发了世界上最著名的冲锋,还爆发了世界上最有效的冲锋之一。

著名的"轻骑旅的冲锋"是个灾难。卡迪根(Cardigan)伯爵率领那著名的600名士兵径直冲锋到强敌的火力之下,结果是瞬间被击溃,损失惨重。

而有效的"重装旅的冲锋"发生在同一天上午的早些时候。轻骑旅未能在重装旅冲锋成功之后追击,导致拉格伦命令卡迪根采取行动,因命令被错误理解,最终导致了灾难性的后果。

葛底斯堡战役:公元1863年

历史总是重演,只是参与者不同罢了。1863年,在葛底斯堡,罗伯特E.李(Robert E.Lee)对阵……

试问,你还记得那位获胜将军的名字吗?不,不是尤利西斯S.格兰特(Ulysses S. Grant)将军,而是乔治G.米德(George G.Meade)将军,又一位默默无闻的获胜将军。

数以百计的书籍都记载了美国内战中这场决定性的战役。当时李将军如果出兵早一点会怎样?皮克特如果冲锋稍晚一步又会怎样?然而,请看双方兵力。李将军拥兵75 000人,而米德率

名利并不总能双收。无论是在战场上还是商场中,我们通常倾向于赞美失败者(比如拿破仑·波拿巴、罗伯特E.李和惠普前CEO卡莉·菲奥莉娜),而不是赢家,(大家都知道罗伯特E.李是谁,但很少有人知道左侧那个人是乔治G.米德——葛底斯堡战役中胜利一方的将军)。

兵 88 000 人。

所以,你用不着去翻阅那些书以查找为什么北方获胜南方失败的原因,战争的第一条原则已经告诉你答案了。

兵力原则是"基本原则"。克劳塞维茨说:"永远都要首先尽可能把握这一根本原则,必须在决战之地投入最大数量的兵力。"

克劳塞维茨研究了历史上有记载的所有军事战役,发现只有两次战役是兵力处于劣势的一方获胜,并且人数只有或不及对方的一半。历史上,绝大多数情况都是兵力强大的一方获胜。

在战场上高唱《迪克西》⊖和《星条旗》的人数只差 13 000 人。

索姆河战役:1916 年

随着一种致命的新式武器——机枪的投入使用,"结束一切战争的战争"开始了。一项技术突破又一次加强了防御方的力量(就像在 20 世纪五六十年代电视在商战中所发挥的作用一样)。关于这一点,没有比 1916 年发生在索姆河的战斗更有力地印证了这一点。

1916 年 7 月 1 日,英法盟军在一个星期的炮

机枪的发明改变了整个战争的性质。在索姆河战役中盟国所得到的教训是,机枪的防御力量使得传统的步兵进攻几乎不可能。20 世纪 50 年代,电视改变了商业规则;40 年后,网络也起到了同样的作用。

⊖ 《迪克西》,美国内战中南军军歌,也被南方联盟政府作为非正式国歌。——译者注

火准备之后冲出战壕，向德军的阵地正面冲锋，结果遭遇了德军机枪的猛烈火力。

仅在第一天，英法盟军就损失了5万人。这一战役进行了140天，惨况史无前例。索姆河畔血染大地，成果如何？英法盟军只是向前推进了5英里[⊖]。

次年在康布雷战役中，英军的坦克亮相，这一技术突破的重要性在20多年后才被充分重视。坦克第一天投入战斗就推进了5英里，相当于索姆河畔战役中所有步兵的战斗成果。不幸的是，这一战果并没有被步兵巩固，英军很快就把得来的阵地丢掉了。

色当战役：1940年

你的竞争对手往往比你的朋友更关注你的一举一动。英国人1917年在康布雷战役实验的武器（坦克），在1940年阿登森林的色当战役中扮演了主要角色。

在这次经典的现代战役中，冯·伦德施泰特（Von Rundstedt）的坦克纵队直攻盟军的薄弱环节，即位于南部的法国马其诺防线和北部的英国远征军之间的薄弱防御地带。

法国军事专家说："在阿登高地无法使用坦克。"或许这些人正是那些认为魁北克悬崖不可攀

法国战役的初始阶段，英法两国拥有比德国更多的坦克（盟军有3142辆，德军只有2580辆）。然而，德国将重心放在装甲车部队上，在色当取得了突破。"在狭窄战线纵深突破"成为军事箴言，企业家也应采用这一理念。

⊖　1英里=1.6093千米。

登的专家的后裔。

德军步步紧逼，英军被迫放弃在法国作战，转而备战英国国内战场。

英国最大的防线是英吉利海峡，它迫使德军开始争夺制空权。在英国领空，戈林的梅塞施密特战斗机无法与英国的放鹰者飓风式战斗机和海上喷火式战斗机抗衡。

几年后，多数战争成功的秘密武器——兵力优势，随着美国军队和德怀特 D. 艾森豪威尔（Dwight D.Eisenhower）将军的到来开始显现。

如果把商业和战争的相似之处用一个人来体现的话，艾森豪威尔将军再合适不过了。他在办公室里工作，出入提商旅包，还配有一个秘书。他说话如同大企业家。在为欧洲防御战做准备时，他警告士兵们："不要做无谓的牺牲，直到我给你们下达命令。"

除制服外，很难将军事领袖与商业将领区分开来。英国陆军元帅蒙哥马利说得好："直到作战各方把纸用完之时，战争才会结束。"

我们知道那次防御战的结果。然而，虽然打赢了军事战，却输掉了商战。我们原先的敌人——德国和日本，在全球商战中打败了我们。

谁又会打赢 21 世纪的商战呢？胜利将属于从战争史中汲取经验最多的商业将领，属于像亚历山大大帝一样运筹帷幄，像拿破仑一样调兵遣将，像乔治 S. 巴顿（George S.Patton）一样骁勇善战的商业将领们。

MARKETING WARFARE

第 2 章
02

兵 力 原 则

在决战之地投入尽可能多的兵力。

——卡尔·冯·克劳塞维茨

这是美国内战时的内森·贝德福德·福里斯特（Nathan Bedford Forrest）将军，他曾完美地描述了战争的根本要义："在第一时间，集结最多的兵力到达战场。"

企业里常有人说：创业容易守业难，意思是争第一要比保第一容易。

忘了这种说法吧。这些人只不过是在制造神秘感罢了，他们对研究社会学更感兴趣，而不愿承认商业竞争的现实。

事实上，在商业中保持第一远比取得第一容易。领导者是山巅之王，他可以利用兵力原则进行竞争。

兵力原则是所有战争原则中最基本的原则，其本质是弱肉强食法则——大鱼吃小鱼，大企业击垮小企业。

交战中的数学法则

研究交战中的数学法则后，你就会发现为什么通常都是大企业获胜。假设两军交战，红军有9名士兵，蓝军只有6名士兵，红军占有50%的数量优势。人数可以是9个人对6个人，也可以是90人对60人，或者9000人对6000人，不管数量到底是多少，比例原则相同。

再假设，平均每3发子弹中有一发能射杀1名士兵。

第一轮交火后，战局会发生戏剧性的变化。红军由9∶6的优势转变为7∶3的优势。红军50%的兵力优势变为大于100%。

随着战火的蔓延，这种致命的倍增效应仍在不断继续。

第二轮交火后，数字会变为红军以 6∶1 占绝对优势。

第三轮交火后，蓝军就被彻底歼灭了。

再来看一下双方的伤亡情况。优势兵力（红军）的伤亡人数仅是劣势兵力（蓝军）的一半。

这一结果可能同好莱坞电影中那些虚构的场景正好相反。在那些电影里，几个美国大兵消灭了大批日本兵，然后壮烈牺牲。

现实生活中的情况却截然不同。大众汽车的甲壳虫要是和通用汽车的大巴正面相撞会怎样呢？你会看到，大巴只是在保险杠上撞出了一些划痕，而甲壳虫却被撞成了一张薄饼。你的体形越大，对方损伤就越严重。

这两辆车产生了动量交换，这是物理学的一条基本定律，大而重的车受到的损伤比小而轻的车要少。

第二次世界大战中，盟军在欧洲的胜利并没有秘密可言。德军有 2 名士兵，盟军就有 4 名士兵；德军有 4 名士兵，盟军就有 8 名士兵。德国实际上开创了现代战争模式，然而即使它拥有丰富的技巧和经验，以及拥有像埃尔温·隆美尔和冯·伦德施泰特这样的统帅，也无法改变交战中的数学法则。

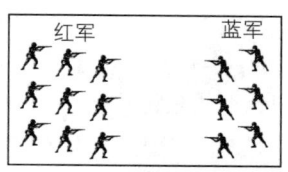

交战之初，红军以 9∶6 的优势在人数上胜出蓝军。

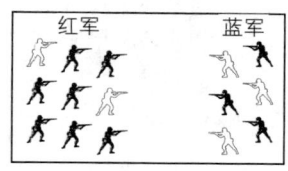

第一轮交火后，红军人数以 7∶3 超过蓝军。

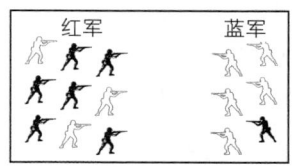

第二轮交火后，红军人数以 6∶1 占绝对优势。

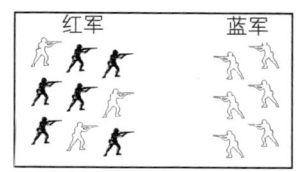

第三轮交火后，蓝军被彻底歼灭。

在军事上，兵力数字太重要了。多数军队的情报部门都有一项工作叫作战斗部署，它会告知指挥官敌军的规模、方位和作战特点 [在威廉 C. 威斯特摩兰㊀和哥伦比亚广播公司（CBS）的官司中，其关键就在于越南战争中战略部署的文件是否伪造]。

商战中的数学法则

两家企业正面交锋时，上述原则同样适用。上帝总是站在销售队伍更庞大的一方，在一个全新的市场上，拥有更大销售队伍的企业最终会占有更大的市场份额。

市场一旦被分割开来，占有更大市场份额的企业将继续从小企业那里抢走生意。大企业有能力担负起更高的广告预算、更多的调研活动、更多的销售门店等。难怪"富者愈富，穷者愈穷"。

难道小企业就没有前途了吗？当然有，这就是我们写本书的原因之一。通用汽车公司、通用电气公司以及 IBM 公司不用研究克劳塞维茨的理

埃尔温·隆美尔将军被称为"沙漠之狐"，他是北非战场杰出的战地指挥官。后来，他参加了刺杀希特勒的行动，不幸因行动失败而丧生。

㊀ 威廉 C. 威斯特摩兰（William C. Westmoreland）是越南战争美军总司令。1982 年 CBS 拍摄了一部纪录片《数不尽的敌人：越南骗局》，暗示威斯特摩兰向约翰逊总统谎报敌情。威斯特摩兰因此以诽谤罪将 CBS 告上法庭。官司持续两年后最终达成庭外和解，CBS 做出公开道歉。——译者注

论也能获胜。

但是,市场份额较小的小企业有必要像战地指挥官一样思考问题。小企业必须把战争第一原则即兵力原则牢记在心。拿破仑说过:"数量上处于劣势的军队,其战争艺术在于在进攻点和防守点比敌军投入更多的兵力。"

卡斯特⊖(Custer)若能让苏族人分散兵力进攻山头的话,可能会成为美国最著名的英雄。

在密歇根州的门罗市有一座卡斯特将军的雕像,这位将军西点军校毕业时在班里排名倒数第一。在小巨角河战役中,他分散了兵力,导致自己的军队全军覆没。愚蠢者也能得到纪念,但不幸的是,通常是在他们死后才获得。

将军知道兵力原则的重要性,知道兵力数量优势远比优秀士兵和精良武器重要,因此他们花费许多时间研究敌军的作战部署。然而,为了鼓舞士气,将军会告诉士兵:他们非常优秀,他们的装备非常精良。

正如巴顿将军所说:"现在我们有世界上最好的食物、最精良的装备、最高昂的士气,还有最棒的士兵。天哪,我还真可怜我们要对付的那帮家伙。"

许多商业领袖对下属也是这么说,但却成为自己言论的牺牲品,特别是陷入了"员工更优秀"和"产品更好"的谬误。

⊖ 卡斯特,美国内战时联邦军将领,在1876年6月25日的小巨角河战役中,遭苏族印第安人伏击而全军覆没。——译者注

"员工更优秀"的谬误

管理者很容易让自己的员工相信,即便在逆境中,企业依靠更优秀的员工也能够获胜。这也是员工想听到的。

当然,在商战中,质量和数量一样,也是决定胜败的一个因素。但事实上,数量优势却以绝对的优越性压倒质量差异。

毫无疑问,在全美橄榄球联赛中,如果让最弱的球队以12人对抗最强球队的11人,这个弱队很可能会获胜。

在商业中,员工数量越多,形成质量优势就会越困难。

一个头脑清醒的管理者,不会把销售动员会上鼓舞士气的讲话同商业战场的现实混为一谈。一位优秀的将军也不会让战略建立在依靠优秀士兵的基础上。威灵顿说:"我们的军队都是些人渣组成的,他们完全是人渣。"

很显然,如果你在企业里用威灵顿的话描述你的队伍,你会遇到大麻烦。管理者应该告诉员工他们是多么优秀,但不要指望靠优秀员工来打胜仗。

打胜仗靠的是卓越的战略。

然而,许多企业都紧抱着优秀员工策略不放。他们坚信能招募到比竞争对手更优秀的员工,以

雇用更加优秀的员工有什么问题吗?没有问题,但是公司越大,员工就越趋于平均水平。赢家和输家的差别很少在于员工方面,而几乎总是在战略上。管理学教科书一直主张,要想扭转一家企业的颓势,第一步就是雇用更优秀的人才,然后让这些人琢磨出更好的战略。但是,高级人才为何要去一家面临困境的企业呢?更有效的方式是制定一个更好的战略,更好的战略才能吸引更优秀的人才。

为制订更好的培训计划就能让他们保住人才优势。

任何学过统计学的人都会嘲笑这种信条。虽然集结优秀分子组成骨干力量是可能的,但企业越大,员工整体水平就越趋于平均水准。

在巨型企业中,从统计学的角度来说,一个完全由优秀员工组成的团队可能性几乎为零。

据统计,IBM公司有369 545名员工,而且数量还在迅速增长。从数量上看,IBM有更多的白领职员,但这并不意味着他们更聪明。

IBM正在用艾森豪威尔的方式打赢了计算机战。对手有2个人时,IBM就有4个人;对手有4个人时,IBM就有8个。

"产品更好"的谬误

在许多管理者头脑中另一个根深蒂固的错误观念是,他们认为用比竞争对手更好的产品能帮助企业打赢商战。

这种想法的假设是:"真相总会大白于天下。"换句话说,如果企业确实拥有更好的产品,只需找一家优秀的广告公司,把这一事实传播给潜在顾客,再让一支优秀的销售队伍来实现交易。

我们把这种思维叫作"由内而外的思维"。企业很清楚自己产品更好的"事实",以为广告公司或销售队伍也能用这种事实,澄清扎根于顾客

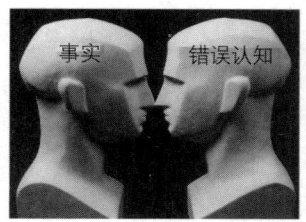

许多商业人士都认为,真理站在他们这边,而他们唯一的问题就是要改变顾客心智中的错误认知。

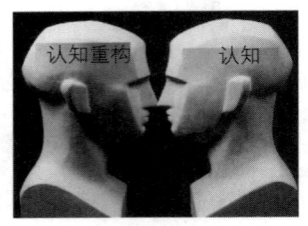

更好的方法是把顾客的认知视为事实,然后加以利用。安飞士承认其在租车顾客心智中排名第二,根据这一认知,安飞士说:"安飞士在租车业只是排名第二,那为什么选择我们呢?因为我们更努力。"

头脑中的错误认知。

这肯定行不通,广告和销售绝不可能那么容易改变一个"错误认知"。

什么才是事实?每个顾客的头脑里都有一个暗箱,面对广告或推销说辞时,他会审阅暗箱里的内容,然后做出"对"或"错"的判断。

在今天的商业竞争中,最白费力气的事就是企图改变人的心智。心智认知一旦形成,几乎无法改变。

到底什么才是事实?事实就是顾客脑子里的认知。这可能不是你认同的事实,但这是你唯一可以着手的事实——你必须先接受这个事实,然后再应对。

"如果你真那么聪明,你怎么没富起来呢?"

就算你成功地让顾客信服你的产品质量胜过竞争对手,顾客很快就有了第二个想法:"嘿,既然你的计算机比 IBM 的还好,你怎么没像 IBM 那样成为第一呢?"

就算你说服了一些人的心智站在你这一边,但他们很快就让那些尚未被说服的多数人动摇他们的判断。

如果你真那么聪明的话,为什么没能富起来呢?这个问题很难回答。在商战中,你不能仅靠

"事实"打胜仗。

当然还有这么一种幻想,即从长远看来,更好的产品会最终获胜。然而,不管是战争史还是商业史,都是由胜者而非败者撰写的。

赢家总是对的。胜利者总是拥有更好的产品,也只有他们总是这么说。

MARKETING WARFARE

第 3 章
03

防御优势原则

> 防御战就其本身而言比进攻战要强大。
> ——卡尔·冯·克劳塞维茨

在战争和商战中，防御方总是更占优势。

克劳塞维茨的第二条战争原则是防御优势原则。军事指挥官不会在没有胜算的情况下开战，其规律是：进攻方要想取得胜利，至少在进攻地点部署3倍于敌军的兵力优势。

然而，有多少商业将领在兵力不充足的情况下，一意孤行发动进攻呢？像在巴拉克拉瓦的卡迪根伯爵和葛底斯堡的李将军一样，许多商业将领发动进攻时，其广告和市场费用完全不足，仅为对手的1/2、1/3甚至是1/10，其结果可想而知。

防御中的数学法则

在开阔地带两军对垒，胜负很快就可以见分晓——兵力多的一方总是会获胜。然而，当一方处于防守地位时，情况又会怎样呢？这会不会改变其中的数学法则呢？

假定红军有9名士兵，蓝军有6名士兵，双方交战。红军有50%的兵力优势，但蓝军处于防守地位，掩护在战壕或散兵坑内。

对蓝军士兵来说，概率还是如此，每射出3发子弹，就能击中1名红军士兵。但由于蓝军处于防御的安全位置，红军的击中概率会出现变化，此时红军士兵发射9枚子弹才能射中1名蓝军士兵，而不是3发子弹（这种情况正如"说服式销售"一样，从一个市场地位稳固的竞争对手那里夺走生意,要比从原本不忠于任何品牌的顾客那里得到生意难得多)。

第一轮交火后,红军兵力仍比蓝军多,但比数仅为7∶5;第二轮交火后,比数降为5∶4;第三轮交火后,双方兵力相当,为4∶4。

红军最初发起进攻时有50%的兵力优势,可是现在双方持平。这时,红军指挥官最好取消这次进攻,因为他已不占据人数优势了。

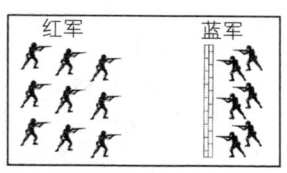

进攻方(红军)以9∶6的优势在人数胜出防守方(蓝军)。

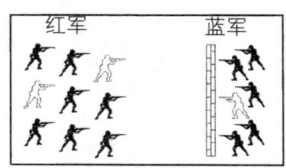

第一轮交火后,红军仍以7∶5在人数上占优。

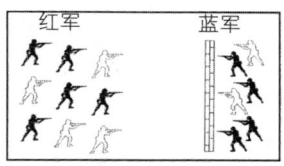

第二轮交火后,红军以5∶4在人数上占优。

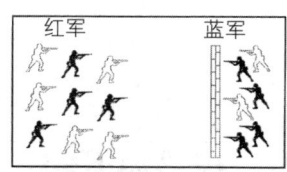

第三轮交火后,双方兵力持平。

胜利的果实

纵观整个战争史,防御战被证明是更强有力的一种战斗模式。朝鲜战争中,美军在南部的防御战中获胜,而在北部的进攻战中失败;英国在对其殖民地的进攻战中失败,而在滑铁卢的防御战中获胜。

现代体育中,每一位足球联赛教练都会事先告诉队员:足球赛中,进攻看起来极具魅力,但是防守才是赢球的关键。

既然防守这么有吸引力,为什么还要发动进攻呢?矛盾就在于胜利的果实。假如能在商战中获胜,并且成为某一品类的领导品牌,就能够长期享受胜利的果实,因为这时企业可以采用更强有力的战略形式——防御战。

对1923年的25个品类的领导品牌跟踪到20

> 永备电池被
> 金霸王电池击败。

60年后,25个领导品牌中只有5个丧失了领导地位。例如,永备(Eveready)受到金霸王的侧翼攻击后,丢掉了电池行业的领导地位。

世纪80年代的一份调查有力地证明了这一点。60年后,其中20个领导品牌仍保持领导地位,4个品牌处于第二位,还有1个品牌处于第五位。

在60年的时间里,当初25个领导品牌中只有5个丧失了领导地位。可见,废黜一朝帝位非常困难。

这25个领导品牌中,包括肥皂业的象牙(Ivory)、汤品业的金宝汤(Campbell)和汽水业的可口可乐。只有以巨额投入、高超的营销技巧以及大量精力,才有可能夺取它们的强大市场地位。

不要逞英雄

管理者最大的错误在于未能正视防守位置带来的强大力量,进攻战的魅力和胜利的喜悦常诱使一些企业急于操起长矛,冲向离得最近的那个在战壕中固守的竞争对手。

在商战中,再也没有比像轻骑兵进攻那样悲壮的情况了。例如,美国无线电公司(RCA)和通用电气公司在计算机硬件领域挑战IBM公司,埃克森公司(Exxon)和雷立公司(Lanier)在办公自动化领域挑战IBM公司,西部联盟(Western Union)在电子邮件业方面向所有对手进行挑衅。

"英雄主义"在太多的管理者中蔓延。这些管

这是大型计算机市场上追随者正面进攻领导者的经典案例。这个广告推出后不久,RCA宣布退出计算机行业,它为此损失了4.9亿美元。

第 3 章 防御优势原则

理者急于为企业建功立业，甚至为企业牺牲。假如你想在本书中寻找一种让你充满英雄色彩的方法，那么你选错书了。

巴顿将军说："现在，我要你们记住，没人能凭着为国捐躯的信念而打胜仗。要想打胜仗，得让敌人为他的国家捐躯。"IBM 公司不制造英雄，也没有在捐躯后追授的荣誉勋章。关爱无法抚慰失败的痛苦，这一点胜利者是难以体会得到的。

他们从不吸取教训。数年后，斯佩里⊖（Sperry）进军 IBM 的个人计算机业务，同样以失败告终，最终退出个人计算机市场。

奇袭产生的摩擦有利于防御方

防御战如此强大的原因之一就是进攻者发动奇袭的难度很大。

克劳塞维茨说："在理论上，奇袭战果显著。但在实际中，由于整台战争机器的摩擦运转，奇效很快就消耗殆尽。"

在理论上，1916 年的索姆河战役应该是一场奇袭战。然而，在 100 万兵力部署到位后，军火又准备了一个星期，盟军的进攻早已毫无奇袭可言。

行动规模越大，奇袭效果越差。小企业或许还可以用一种新产品对大企业进行奇袭，但是福

⊖ 斯佩里公司是美国一家电子产品企业，成立于 1910 年，历经 70 年，最终通过一系列的兼并，成为优利（Unisys）和霍尼韦尔（Honeywell）的一部分。——译者注

德军于1936~1939年集结兵力,如果盟军能在此之前进攻德军,就可以避免第二次世界大战的许多悲剧,包括纳粹对犹太人的大屠杀。阿道夫·希特勒在《我的奋斗》一书中早就发出了令人寒栗的信号,具有代表性的一句话就是:"一发30厘米口径的炮弹,其声响能超过1000个犹太人在报纸上发出的呐喊,所以就让他们喊吧!"

特却无法对通用汽车发动突然进攻。在这里,整部企业机器的摩擦运转贻误了战机。

查阅商业案例后就会发现,那些被奇袭击败的领导品牌在被突袭之前都有充分的预警。因为领导者忽视了这些警报,或者根本瞧不起对手的进攻,才会被颠覆。

在发行量高达1000万册的《我的奋斗》(Mein Kampf)这本书中,希特勒曾明确告诉英国和法国他的入侵意图。10年后,他确实行动了。

进攻需要时间

军事战役中的进攻方不仅常常丧失奇袭效果,还要花费时间部署兵力。由于后勤问题,发动进攻的兵力全部到位要花上几天甚至几个星期的时间。这时,敌人早已察觉,并足以利用这段时间进行防御。

尽管尽了最大努力,在第二次世界大战的总攻日,仍只有156 115名士兵在诺曼底登陆。由于运输和供给问题,盟军需要花费数月才能集结上百万的兵力以确保胜利。

在商业进攻战中,运输通常不是问题,企业可在数日内将产品送至上千个销售网点。

瓶颈在于信息传播。要让数百万消费者知晓销售信息,需要花几个月甚至几年的时间。这样,防御方就有足够的时间以不同形式拦截、阻击进攻方。

当然，防御方若想利用好这段时间，就必须警惕来自各个方面的潜在威胁。

德军对于盟军在1944年6月6日（诺曼底登陆日）有登陆艇上岸并不感到惊讶，唯一的问题是盟军在何处登陆。盟军力诱德军，使他们误以为在加来登陆，而实际上却在诺曼底登陆。IBM在1981年8月推出的第一台16位商用个人计算机也并非"突袭"，因为我们早在一年前就对此产品有所耳闻，并设法说服我们的客户DEC公司推出类似产品，从而在IBM的产品问世前在这个品类获得先占优势。DEC公司却拒绝这么做，这次战略失误让其付出了惨痛代价。

MARKETING WARFARE

第 4 章
04

竞争新时代

> 有些政治家和统帅企图避免决战。历史使这种幻想破灭。
>
> ——卡尔·冯·克劳塞维茨

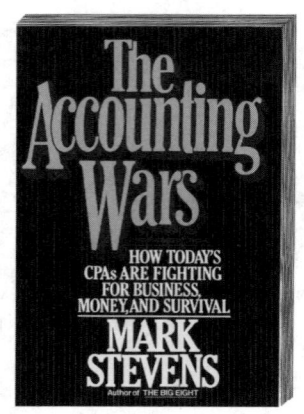

"战争"一词被广泛地用来比喻商业斗争,但令人遗憾的是,大多数作者并不了解真实战争中的战略和战术。

在当今的报纸上,最血腥的言论并非出现在国际版面上,而是出现在商业版面上。

"我们要绞杀他们。"

"要么杀戮,要么被杀。"

"这是一场生死决斗。"

这些并不是左翼游击分子或右翼独裁者所说的话,这是三位商界领袖讨论即将展开的商业行动的典型用语。

商战中的语言源自军事用语。我们说"发动"一场商业"战役",希望能"突破"敌人的进攻。

我们将员工"晋升"到更高的"职位",编入"部门""公司"和"小组",我们汇报"收益"和"亏损",有时候还分发"制服"。

我们时不时地到"基层"去"视察","检验"我们"队伍"的进度,我们甚至还知道"用职位压人"。⊖

直到现在,我们还只是从军事中借用一些术语而已,并没有借用到术语背后深层的军事战略思想。商战便是把军事思想运用于商业问题的一次尝试。

作为一门学科,营销学的历史还不到100年。长期以来,商业竞争只是根据经验而行,缺乏理论指导,而军事理论恰能弥补这一缺憾。

⊖ 以上带引号的词汇在英语中均来自于军事用语,分别为晋升、军衔、师、连、分队、战果、伤亡、军服、战场、视察、检阅、部队、用军衔压人。——译者注

报刊标题之战

如果经常翻看《商业周刊》《福布斯》或《财富》等杂志，就会积累更多的军事术语。"啤酒战""可乐战"和"汉堡战"都是新出现在报刊上的军事用语。

但是，在这些大标题之下，作者完全忽略了最基本的军事原则。

最近一份《纽约时报》上出现的一篇标题为"施乐公司进军办公自动化"，副标题为"试图成为办公自动化领域的领导者"的文章。

假如丹麦入侵 12 倍于自己国土面积的联邦德国㊀，新闻媒体无疑会表示出震惊和怀疑。

在办公自动化中取得领先？施乐的办公自动化产品的年销售额还不到 20 亿美元，居然去挑战年销售额高达 400 亿美元的 IBM。

报刊中还有许多这样缺乏战略考量的文字硝烟。总裁查尔斯 E. 斯波克（Charles E.Sporck）在宣传其公司的微型和小型计算机生产线的一则广告的标题中写道："国家半导体公司要破釜沉舟。"

公元前 49 年，尤利乌斯·恺撒横渡卢比孔河时，带领了整整一个军团（还有两个后备军团）。

施乐在大型计算机领域正面进攻 IBM，这一举措让施乐损失了数十亿美元。

为进入个人计算机业务，美国国家半导体公司耗资 5.5 亿美元收购了 Cyrix 公司。但不到两年时间，企业就崩溃性地退出了市场，转而耗资数亿美元并购了 Rubicon。国家半导体公司还是幸存下来了，如今它避免和计算机生产商（戴尔和惠普）以及大的芯片制造商（英特尔和 AMD）进行竞争，而是致力于成为模拟和混合信号芯片领域的专家，销售额（20 亿美元）和利润率（14%）都稳步增长。几乎在任何市场中，专业公司都可以生存并蓬勃发展。

㊀ 由于本书的成书时间较早，故尚保存了一些历史名词，如联邦德国。为尊重原著，我们对此不做删改。——译者注

恺撒的力量太强大了，他的敌人庞培立即做出了撤出意大利的决定⊖。斯波克总裁的军团又在哪儿呢？IBM可能那么快放弃阵地吗？

管理者即便不是军事天才，也应该能看出这种不自量力的进攻是不会成功的。

预言还是宣传

可口可乐宣布推出味道更甜的新配方后，充满自信地预言，以后每三年其市场占有率就会增加1%。这是个预言，还是一种宣传呢？如果是为了宣传，那可就失策了。思路清晰的军事指挥官绝不会给胜利制定一个时间表。

1942年3月，道格拉斯·麦克阿瑟（Douglas MacArthur）撤出菲律宾群岛时说："我会回来的。"假如他加上一句"年底之前"，1944年他重新登陆菲律宾群岛时，威信就会严重受损。不守信用会削弱军队士气，商业承诺也应该像政治用语一样模棱两可，否则这些承诺会削弱队伍的执行力。

希特勒承诺攻占斯大林格勒⊜，却失败了。他不仅丧失了在军队中的威信，还丧失了"宣导师"的形象。

商业竞争的真相

很明显，商业竞争跨入了一个新的时代。比起这个新时代，20世纪

⊖ 英语中用恺撒横渡卢比孔河的典故比喻"破釜沉舟"，因当时恺撒渡过卢比孔河时已无退路，决心决一死战。——译者注
⊜ 今为伏尔加格勒。——译者注

六七十年代的商业竞争就像"学校的周末野餐"一样轻松。如今竞争越来越残酷,性质也变成了"从别人那儿抢生意"。

随着各家企业尝试着用各种方法增加销售额,它们开始越来越多地运用军事战略。

但是,只有野心并不是优秀军事战略的标志,尤其是企业管理中"更多"学派代表提出的那种野心。这类管理层要求有更多的产品、更多的销售人员、更多的广告,以及更努力地工作。

特别是更努力工作这一点。假设我们必须努力工作才能获得成功,我们对成功的感觉或许会好一些。因此,我们安排更多的会议、更多的报告、更多的备忘录,还有更多的绩效考核。

但是,战争史却得出与之相反的结论。假如一心想靠努力来获胜,通常都以失败告终。从第一次世界大战的堑壕战到第二次世界大战中斯大林格勒的街道战,让士兵陷入肉搏战的军事指挥官大都失败了。

施乐做出了一个固执的决定,要在办公自动化市场中争第一。这并不是将来会成功的标志,而是徒劳无效的标志。

更好的战略是抓住时机而不是依靠蛮力,做出快速、闪电式的一击(德国人称为"闪电战")。这并不是说实力或兵力原则不重要,事实远非如

苹果 iPod 所取得的巨大成功证明了"奇袭"的威力。苹果的对手是微软和使用 Windows 操作系统的个人计算机制造商。苹果并没有向严守在战壕内的对手发动正面进攻,而是投入大部分资源发动了一场侧翼战,推出了第一个硬盘式 MP3 播放器 iPod。iPod 上市时,苹果还推出 iTunes 音乐下载网站作为辅助。该战略让人想起了军事进攻中空军与陆军的协同作战。

此。但是，除非你的进攻有合理的规划，否则一旦战斗变成一场消耗战，就会丧失自己的优势。

不管什么时候，如果员工听到上司说"我们得加倍努力了"，员工就知道自己听到的是失败者的言论。IBM获胜，靠的是巧思，而非久思。

MARKETING WARFARE

第 5 章
05

战地的本质

> 通过分析对手所处位置,我们就能知晓其计划,并采取相应的行动。
>
> ——卡尔·冯·克劳塞维茨

在军事战斗中,战地非常重要。战斗总是由它所处的地理位置来命名的。例如,以马拉松平原、梅陶鲁斯河、滑铁卢镇、葛底斯堡城、邦克山、卡西诺山命名的战役。

在商战中,阵地同样重要。但是,问题在于阵地在哪里?商战是从哪里打起的?

我们出版了27期以《战场》命名的商业简讯,直到我们感到厌倦。这些简讯的目的是从军事的视角分析各种商战局势。如今有了大量优秀的案例让我们以史为鉴,我们应该继续发布这样的简讯。

一个丑陋贫瘠的地方

在本书中,管理者会学到占领市场"制高点"的重要性,以及避开"在战壕中严密防守"的竞争对手的必要性。那么,哪里是制高点?哪里是战壕?

如果你准备和竞争对手开战,那么了解阵地是很有帮助的。

商战的阵地并不在顾客的办公室里,也不在美国的各大超市或商店里,这些地方只不过是商品销售点,而顾客对品牌的选择是在其他地方做出的。商战也不是在达拉斯、底特律或丹佛这些城市打响,至少不在这些实际意义上的地理位置中。

商战是在一处贫瘠丑陋的地方进行。这个地方黑暗潮湿,里面有一些未知地带,还有深深的陷阱诱捕那些莽撞的人。

商战是在心智中打响。每一天,在你自己的心智中、在潜在顾客的心智中都进行着战争。心智就是战场，这个地带充满玄机、高深莫测，整个战场只不过10多厘米宽。这就是打响商战的地方，管理者就是在这块方寸之地上运用智慧，击败对手。

商战就是在看不见的战场上进行争夺战，它只能用头脑感知，这使商战成为最难的学科之一。

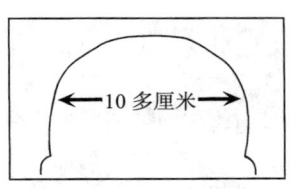

商战在顾客10多厘米宽的头脑中进行，这是理解商业竞争的关键。你无法凭借更好的产品取胜，只能靠更好的认知取胜。

绘制心智地图

在作战前，优秀的将军总是要先仔细研究地形，研究每座山、每个丘陵、每条河攻防的可能性。一位优秀的将军还会研究敌人的位置。在战斗打响前，指挥官会将双方的确切位置和兵力部署情况在地图上标记好，并加以研究。他希望不惜一切代价，避免对方发动意想不到的袭击。

在商战中，要开展侦察工作非常困难。要如何洞察一个人的心智，看清其中的"地形"以及竞争对手占据怎样的强势位置呢？

侦察人们心智的一个方法是进行市场调研，但这并不是让你用传统的方式询问顾客想买什么，这种方法早已过时了。

管理者应该做的是探察其他品牌在顾客心智中占据了什么位置，找出是哪个品牌占据了制高点。如果做法正确，就能勾勒出潜在顾客的心智，并绘制出一幅心智地图。对商业将领来说，这幅

在和 AMR International 公司合作的过程中,我们在旧金山和纽约等城市举办了很多关于商战的研讨会。我们邀请了很多军人在会议上发言,包括威廉 C.威斯特摩兰将军、埃尔默 R.朱姆沃尔特(Elmo R.Zumwalt)海军上将和少将乔治·史密斯·巴顿(第二次世界大战巴顿将军之子)。

地图如同巴顿将军进军欧洲时携带的米其林地图一样有用。

绘制出心智地图能让管理者拥有极大的优势。你的大多竞争对手甚至还不知道战场在哪儿,他们完全把心思放在了自己的营地上,比如他们的产品、他们的销售队伍,还有他们的销售计划。

心智中的山头

任何试图描述人类心智的语言都只是象征性的,但是有些象征性词语不管对于军事还是对商业都特别合适。

在军事战争中,通常认为山地是对作战有利的地形,特别是对于防御来说。在商战中,管理者常把有利的地形叫作"制高点"。因此,用山头来作为商战中的一个主要概念是比较合适的。

在战争中,山头有可能已经被攻占,也有可能尚未被占领。例如,面巾纸行业的山头已被舒洁(Kleenex)占据,番茄酱行业的山头已被亨氏(Heinz)占据,计算机行业的山头已被 IBM 占据。有些山头处于很激烈的争夺战中,例如,可乐行业的部分山头被可口可乐占据,但同时又遭到百事可乐的猛烈进攻。

"啤酒之王"的比喻有力地彰显了百威品牌的强大力量。有很多品牌都努力过,但丝毫未能撼动百威在啤酒行业中的王者地位。

当顾客用某个品牌指代某一品类产品时,管理者就应当知道,顾客心智中的山头已经被该品牌牢牢占领了。当顾客指着一盒斯科特（Scott）面巾纸说"给我一盒舒洁"时，你就知道是谁已经占领了这位顾客心智中面巾纸的山头。

市场细分瓦解阵地

在美国，谁占领了汽车行业的山头呢？多年前曾是福特公司。

然而，福特的阵地被通用汽车的市场细分战略瓦解了。通用汽车的雪佛兰、庞蒂克、奥兹莫比尔、凯迪拉克以及别克，各自占据了汽车行业不同细分市场的山头。其中，凯迪拉克占据了最强有力的山头，它占据了高价豪华汽车的细分市场（人们把凯迪拉克的名称用作优质产品的代名词，比如"这是电视机中的凯迪拉克"）。通用汽车凭借这五大独立品牌，占据了美国汽车市场的大部分份额。

山头上的战火纷争将会促成各个细分市场，并各有其主。这种分化趋势将会一直持续下去。

市场原先的统治者只有一种选择：要么扩张，要么收缩。面对竞争对手对市场进行细分的行动，原先的统治者可以扩散兵力以控制整个阵地，也可以撤回兵力守好自己的大本营。

一般而言，市场统治者的本能反应通常都是错误的。贪欲常驱使领导品牌盲目扩散兵力，以

通用汽车和福特的信用评级被下调至"垃圾级"
标准普尔引用的两家公司销售乏力的数据

通用汽车如今陷入困境，其中一个原因是它的战略决策是想守住每一细分市场。小型轿车、紧凑型轿车、中型车、豪华轿车、跑车、微型厢式车、SUV以及卡车，通用汽车什么车都制造。

期控制整个阵地。结果往往是,在试图保住某一小块山头时,整个阵地丧失殆尽。就像腓特烈大帝说过的:"企图守住一切的人,什么也守不住。"

面对企图分割你山头的竞争对手,难道就不能进行防守了吗?对于大企业来说很幸运的是,有办法防守。我们会在第 7 章"防御战"进行阐述。

MARKETING WARFARE

第 6 章
06

战 略 形 式

> 政治家和指挥官做出的首要的、最高的和最具深远意义的判断，是确定他们正在进行的战争的战略形式，既不能做出错误判断，又不能让判断同其战略形式本质相悖。
>
> ——卡尔·冯·克劳塞维茨

通用汽车	福特
克莱斯勒	美国汽车

美国汽车行业的四大企业。

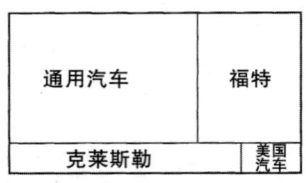

事实上,美国汽车行业的格局更像是"一大带三小",其中通用汽车是霸主。

商战并非只有一种作战形式,而是有四种。确定采用哪种战略形式,是企业家要做出的首要决定,也是最重要的决定。

采用哪种战略形式取决于你在战略格局中的位置,每个产品品类或行业都会形成这种战略格局。

让我们以美国汽车行业为例,这是一个阵式严密、根基稳固的行业。事实上,美国最后一家创立并生存至今的汽车企业是1925年成立的克莱斯勒汽车公司。

于是,美国如今有四大汽车企业:通用汽车、福特、克莱斯勒和美国汽车公司。假如克劳塞维茨仍在世并亲临底特律,他只需看一眼各家企业的形势,就能马上梳理出企业的困惑。

以市场占有率来看,并不存在四大汽车企业,而是只有一家大企业:通用汽车。它占据了59%的市场份额,其他三家的份额加在一起也不及通用汽车一家。以市场份额而言,福特占26%,克莱斯勒占13%,美国汽车占2%,三家合在一起也只有41%。

当然,这种分析方法没有计入另外占比34%的进口车份额(相当于美国整个汽车市场的25%)。这一数字说明进口车在美国汽车市场上也占有重要的分量。然而,我们的目的不是为了详细分析这个行业,而是以这四家传统意义上的美国汽车企业为例，阐述商战的四种战略形式。

通用汽车、福特、克莱斯勒和美国汽车这四家企业之间的实力悬殊，企业规模依次只有前边一位的一半，它们之间并不平等。这就像是由一支小学足球队、一支中学足球队、一支大学足球队和一支专业足球队组成的四队联赛。难道还看不出来谁会赢吗？

这场竞赛不单是输赢的问题。显然，通用汽车在记分牌上得分更多。而对于另外三家企业而言，"胜利"有着不同的含义。

对福特来说，提高市场份额就代表着巨大的胜利。

对克莱斯勒来说，生存并保持盈利就意味着胜利。

对美国汽车公司来说，生存即为胜利。

在某个特定的市场格局中，每家企业都有不同的资源、不同的实力和不同的目标。因此，每家企业都应该有不同的战略。

那么，通用汽车、福特、克莱斯勒和美国汽车公司应该各自发起什么样的战争呢？我们先来看一下每家企业在战略格局中所处的位置。

防御战	进攻战
侧翼战	游击战

四家企业的相对规模决定了它们应采取的战略。通用汽车应该采用防御战，福特打进攻战，克莱斯勒发动侧翼战，美国汽车公司开展游击战。

通用汽车应采取的战略形式

首先，通用汽车的竞争对手是谁呢？它的对

巨人是怎么倒下的？如今通用汽车陷入困境，问题出在哪里？通用汽车破坏了其作战军队的纯粹性，它的各个品牌互相内斗，而不是与竞争对手进行竞争。例如，土星（Saturn）的推出就削弱了通用汽车入门级轿车品牌"雪佛兰"。此外，顾客也无法辨别通用汽车各个品牌之间的差异，有时候只是一模一样的车挂着不同的标牌而已。图中就是费城雪佛兰经销商协会打的广告：庞蒂克、奥兹莫比尔、别克同雪佛兰是一样的车，只是售价更高罢了。

福特的确向通用汽车发起了进攻战，而且很成功。福特用它的"金牛座"（Taurus）发动进攻，指向了通用汽车的核心品牌雪佛兰。雪佛兰推出一系列不同款的轿车，福特则投入几十亿美元开发了一款车型——金牛座。多亏了金牛座，福特品牌的销量超过了雪佛兰，至今仍是如此。

手是司法部、联邦贸易委员会、证券交易委员会以及美国国会（包括参议院和众议院）。

通用汽车不能单靠打胜仗取胜。如果它消灭了一个甚至多个汽车行业内的竞争对手，法院或国会就会将其拆分。看看美国电话电报公司（AT&T）的结局就知道，这些大企业敌不过司法部和大法官。

通用汽车只能靠"不败"而取胜，它应该发动防御战。

然而，防御战不应被理解为消极行动。克劳塞维茨曾说："防御本身就是一种逆向行动，因为它致力于抵御敌人的意图，而不是被自己的意图所困。"有效的防御战在本质上是进攻性的，其目标很明确，即保卫企业主导性的市场份额。

福特应怎样做

福特汽车排名第二，具备各项资源发动进攻战，但福特该攻击谁呢？

威利·萨顿（Willie Sutton）曾说过："我抢劫银行，是因为那里有钱。"福特应该攻击通用汽车，因为通用汽车占据了最大的市场份额。

通过简单的计算，我们很容易发现为什么福特应该进攻通用汽车。假如福特能夺走通用汽车10%的市场份额，就能使自己的市场份额增加

25%；假如福特从美国汽车那里夺走10%的市场份额，其市场份额的增量则显得微不足道。

根据"先挣容易钱"的理论，人们总是倾向于掠夺弱者而不是强者。但事实正好相反，企业规模越小，就越努力保卫自己的市场，而且还会采取诸如降价、打折、延长保修期等强硬措施，所以不要同受伤的野兽较量。

福特的最佳战略是主动进攻，针对通用汽车产品线上的弱点发动进攻。如何找出并利用这些弱点，第8章"进攻战"将专门讲述。

克莱斯勒应怎样做

非洲古谚语：大象打架，蚂蚁遭殃。克莱斯勒应该避开通用汽车和福特的争斗，并发动侧翼战。

李·艾柯卡（Lee Iacocca）正是这样做的。他针对美国整个汽车行业发动了一些经典的侧翼战，包括"第一辆"敞篷车、"第一辆"厢式旅行车、"第一辆"6座前轮驱动车。

如果考虑到艾柯卡先生的背景，他的成就更显得难能可贵。在担任福特总经理8年后，并在亨利·福特二世的"帮助"下，他突然跳槽去了克莱斯勒。人们预计艾柯卡会把福特的战略嫁接到克莱斯勒上，但他并没有这样做。艾柯卡的荣

人们通常将克莱斯勒的起死回生归功于李·艾柯卡的领导才能。以我们之见，更重要的是他的战略能力，特别是将微型厢式车作为"侧翼战"的进攻主力，这一至为关键的决策使克莱斯勒公司得以幸存，直至被戴姆勒–奔驰收购。

誉是应得的,他为克莱斯勒制定了完全不同于福特的战略,使其适用于克莱斯勒的实际情况。

可是有多少商业将领能做到这一点呢?大多数人总是试图沿用过去成功的做法。

回想一下,艾柯卡在福特曾使用过的一个战略,倒是可以把它归属于克莱斯勒模式。那就是以野马轿车(Mustang,第一辆双座"私家"轿车)为代表的成功侧翼战。艾柯卡向亨利·福特提议了野马车的概念,但是福特并没有太大兴趣深入运作,于是艾柯卡亲自开发了这款后来的畅销车。

美国汽车公司应怎样做

对可怜的美国汽车公司,除了穿上黑衣,组织一支游击队登上小山头之外,别无他法。

美国汽车公司规模太小,没有实力向通用汽车发动进攻战。即使美国汽车公司在进攻战早期能获得成功,但由于缺乏足够的经销商、生产能力和市场能力,进攻也无法持续。

美国汽车公司也没有实力向美国整个汽车行业发动侧翼战。这并非是它小得无法发起侧翼战,它推出的纳什·兰博乐(Nash Rambler,美国第一款小型轿车)证明它可以。然而,美国汽车公司实在太小,没有能力在率先推出这个概念后主导这块细分市场。

什么都代表不了的品牌是毫无价值的品牌。美国汽车公司旗下唯一有代表性的品牌是吉普(Jeep)。如果美国汽车公司更名为吉普公司并且只销售吉普车的话会怎样?吉普公司会幸存至今吗?我们认为会。克莱斯勒公司收购美国汽车公司后,李·艾柯卡砍掉了美国汽车公司其他品牌,只保留了吉普。如果克莱斯勒更名为美国汽车公司并且只销售吉普车、克莱斯勒厢式旅行车和道奇卡车,又会怎样?三个品牌将会主导三个汽车品类。那么之前的克莱斯勒公司是否也能幸存到今天,而不是作为戴姆勒-克莱斯勒的一个事业部而存在呢?我们认为会。

对美国汽车公司来说，持续获胜的产品品类是它的吉普（Jeep）。这是典型的游击战术：找到一块细分市场，大到足以让游击队盈利，却又小到无法引起市场领导者的兴趣。

心智中的山头

让我们回顾一下心智战场，大山头是领导者占据的制高点。

如果你想翻越这座山，那就是在打一场进攻战，你最好能找到一处山谷或山隘作为部队的突破口。但是，战斗将会打得非常艰苦，付出的代价也会很高昂，因为领导者通常有更多资源进行猛烈的反击。

如果你是占据山头的领导者，要下山去阻击竞争对手的进攻，那就是在打一场防御战。其原则是，好的防御相当于发动有效的进攻。

如果你在山间迂回，那就是正在进行一场侧翼战。这通常是最奏效、代价最小的商战模式。然而，在很多产品品类中，发动有效侧翼战的机会越来越少了。

如果你在山下盘桓，那么你打的是一场游击战。你要寻找一块防守得住的安全市场，或是领导者无兴趣进入的小市场。

MARKETING WARFARE

第 7 章
07

防 御 战

> 那些看到战争无法避免却又犹豫不决而不主动进攻的政治家,都是国家的罪人。
>
> ——卡尔·冯·克劳塞维茨

防御战有三条基本原则，学起来容易，做起来难。如果企业有机会打防御战，想要打得漂亮，就得认真参悟。

防御战第一条原则

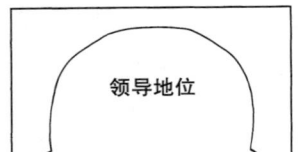

只有在顾客心智中建立的领导地位才具有强大的力量，这股力量并非源自实际市场上的领导地位，而是来自顾客认知上的领导地位。

只有市场领导者才能打防御战。

这条原则看起来浅显易懂，其实未必。

很多企业都认为自己就是领导者，但是大多数企业把领导地位建立在自己的定义上，而不是建立在市场的真实状况上。一个企业也许是"星期一早晨密西西比河以东"的领导者，可是顾客对此毫无兴趣。企业无法造就领导者，只有顾客认准的领导者才是真正的市场领导者。

此外，这里定义的领导者是市场唯一的领导者，而不是泛泛的领先者。在计算机行业，有许多领先者，但只有一个IBM，它才是计算机用户和潜在顾客心智中真正的领导者。

另外，还有很多王位的觊觎者。有些企业家信奉依靠"主观意愿"就能到达顶峰，他们相信心态积极的力量，认为首先让自己相信自己就是领导者，然后再去说服别人。

丢弃这些思想吧，制定战略不允许自欺欺人。为了鼓舞士气而夸大事实是一回事，因自欺欺人而犯战略错误则是另一回事。一位优秀的商业将领必须对真实形势了然于心,并根据市场事实领导部下。你可以愚弄敌人,但不要愚弄自己。

防御战第二条原则

最佳的防御就是有勇气自我攻击。

由于防御者处于领导地位,在顾客心智中占据了强势位置,防御者提升地位的最好方法是不断地自我攻击。换言之,就是通过不断推出新产品或新服务,来取代现有的产品或服务,以此强化领导地位。

IBM是这方面的专家,每隔不久它就推出新系列的大型计算机,其价格和性能与既有的产品相比都占有明显优势。竞争对手总是在想方设法迎头赶上,而移动的目标总比静止的目标难以击中。

吉列公司(Gillette)更是一个典范。它最初凭借"蓝色刀锋"及随后推出的"超级蓝色刀锋"占据了剃须刀市场。20世纪60年代初,竞争对手威尔金森刀具公司(Wilkinson Sword)推出了不锈钢剃须刀片,开始抢占市场。1970年,威尔金森公司又推出了黏合刀片,这是一种宣称以"最佳剃须角度"黏合在塑料上的金属刀片。自此,吉列公司开始集中兵力打防御战。

不久后,吉列推出了"特拉克Ⅱ"(TracⅡ),这是世界上第一款双刀片剃须刀。"特拉克Ⅱ"的成功奠定了吉列之后的战略方针,正如它在广告中所说:"双刀片总比单刀片好"。吉列的顾客很快就开始购买新产品,并认为"比单片的超级蓝色刀锋好用"(从自己手中夺走生意总比让别人夺走强)。

6年之后,吉列又推出了"阿特华"(Atra),这是第一款可调节的双刀片剃须刀,吉列指出,此款新产品比无法调节的双刀片剃须刀"特拉克Ⅱ"还要好。随后,吉列又毫不犹豫地推出了"好消息"(Good News),这是一款廉价的一次性剃须刀(双刀片)。这对于比克公司(Bic)来说是一次打击,因为它正想推出自己的一次性剃须刀。

"好消息"对吉列公司的股东来说,并不是一个好消息。一次性剃须刀生产费用高,而售价却比可更换刀片的剃须刀低。任何购买"好消息"而不买"阿特华"或"特拉克Ⅱ"的顾客,实际上是在侵蚀吉列公司的利润。

然而,推出"好消息"是优秀的战略,它阻止了比克公司在一次性剃须刀市场获得成功,并且让比克公司为此付出了惨重的代价。行业资料显示,在前三年里,比克公司在一次性剃须刀市场中亏损了2500万美元。

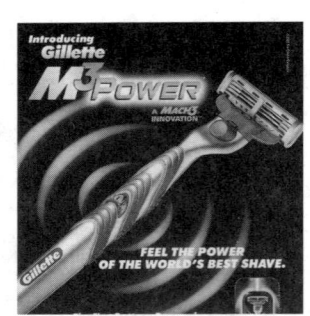

吉列还在沿用"自我攻击"的战略。它最成功的产品当属"锋速3"剃须刀,这款产品不仅利润丰厚,而且占据了相当大的市场份额。吉列最近的防御战略是推出了电动剃须刀"M3动力"(M3 Power)("M3动力"这个名字比"锋速3"弱得多)。

吉列继续无情地发动自我攻击的战略。它推出了"皮沃特"(Pivot),这是第一款一次性可调节的剃须刀,这次公司的"好消息"成了被攻击目标。它的最新产品——"锋速3"(Mach 3),是第一款三刀片剃须刀。

吉列逐渐扩大了它在剃须刀市场上的份额,它拥有了剃须刀市场65%的份额。

自我攻击可能会牺牲眼前的利益,但却有一大好处,那就是保卫市场份额,而这才是商战中的终极武器。反之,倘若企业犹疑于自我攻击,通常就会丧失市场份额,并最终丧失市场领导者的地位。

防御战第三条原则

必须封锁对手的强势进攻。

大多数企业只有一次获胜的机会,而市场领导者却有两次机会。如果领导者错过了自我攻击的机会,通常还可以复制竞争对手的行动来防御竞争,但是领导者必须在进攻者站稳脚跟前迅速采取行动。

很多领导者不愿意封锁竞争对手,那是自负使然。等到它们进行阻击时,却为时已晚,无法挽回局面。

阻击对领导者会很有效,这是由战场性质决定的。战争其实是在顾客的心智中展开,对进攻者而言,要在顾客的心智中留下印象需要花费时间,而这段时间足够领导者复制进攻者的行动了。

美国汽车行业生动地说明了这一原则。约翰·德洛雷安(John DeLorean)在《晴朗之日你可以看见通用汽车》一书中写道:"我在通用汽车期间,即便福特在产品创新方面超过通用汽车,克莱斯勒在技术革新方面超过通用汽车,这两家企业都不会对通用汽车在汽车行业的半壁江山产生实质性威胁。"他还说:"通用汽车自1939年推出液压自动传动系统和1949年推出硬顶式车身以来,至今尚未做出任何重大的创新,而福特几乎开创了所有主要新市场,克莱斯勒则做出了重大的技术革新,比如助力转向、助力制动器、电控车窗和交流发电机。"

然而,到底是哪家企业获得了工艺精湛的声誉呢?当然是通用汽车公司。

这是"真相会大白于天下"谬误的另一面。顾客也相信真相会大白于天下,于是顾客会推断,通用汽车的产品卖得更好,肯定是它的产品和技术更好。"真相"属于市场领导者。

另外,顾客的从众心理也对领导者有利。宾夕法尼亚大学的所罗门·阿施（Solomon Asch）曾做过一次著名的试验，发现许多人为了追随主流会违背自身的感受。试验中，被试验者被要求比较一组线的长度，他们会遇到另一些人，而这些人已经事先被指示出示错误的答案。结果，这些被试验者中，有37%的人接受了误导，给出了错误的答案。

阿施的试验结果显示了主流的影响力。被试验者说："我觉得我好像没错，可是我的理智告诉我，我错了，因为我不相信怎么那么多人都错了，而只有我是对的。"

事实上，许多人都更注重他人的观点，而忽略自己的感觉。假如电影院里的每个人都在笑，你就会觉得影片很搞笑；如果电影院里没人笑，你就会觉得影片很无趣（这就是为什么电视喜剧中插入了笑声的原因）。

那么，领导者是应该到处下注，还是只在最有可能获胜之处下注？很显然，没有理由在那些明显愚蠢的概念上下注。但是，谁又能判断呢？当第一辆大众甲壳虫车进入美国市场时，它看上去怪模怪样，以致在底特律有一个经典笑话：美国人对三种东西期望过高，即南方烹调、家庭性生活，还有进口汽车。

很多企业如今都后悔当初那么快就发出诸如此类的贬低之辞。因此，今天改变了口号："让我们静观其变。"然而对于领导者来说，这是一种危

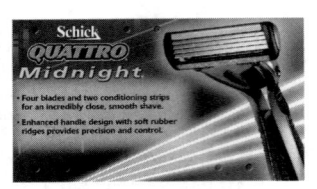

最近，舒适（Schick）推出了第一款四刀片剃须刀"创4纪"（Quattro）予以反击。吉列下一步会如何应对呢？当然是推出第一款五刀片剃须刀。

险的做法。世事总是变幻莫测，一旦发生，事态进展就非常快。常常是突然之间，领导者要进入新一轮竞争时已为时已晚。

目前，一次性剃须刀占据剃须刀市场 40% 的份额。假如吉列公司坐等比克公司主导这一细分市场，吉列公司今天的地位就会弱得多。

防御过头总比防御不足要安全得多。威尔金森刀具公司推出的不锈钢刀片没做出什么名堂，而吉列还是对其进行了封锁。付出一些成本是值得的，企业可以把它叫作保险费。

"镇痛山"战役

这是我们给历史上最经典的阻击战所起的名字，因为这次行动不仅彻底瓦解了竞争对手的行动，该防御行为还推动了品牌成为美国药店里最畅销的药品。

"镇痛山"战役表明了把握时机的重要性。假如你想封锁对手的进攻，那就要立刻行动；如果坐等竞争做大，那就会贻误战机。

这个品牌就是"泰诺"（Tylenol），由强生公司麦克尼尔实验室推出的解热镇痛药，价格比阿司匹林高 50%。它在医生和保健专家的推广下，销量直线上升。

百时美公司（Bristol-Myers）以为看到了机会，于 1975 年 6 月推出了"达特利"（Datril），宣称此药品"具有泰诺同样的止痛效果，一样安全可靠"。达特利的广告说，两种药品的不同之处在于价格，买 100 片泰诺要花 2.85 美元，而 100 片达特利只需 1.85 美元。

百时美所犯的错误之一，是在其传统试销地——奥尔巴尼和皮奥里亚进行市场测试。我们很容易猜到，谁在密切关注这个试销。

强生公司低价封杀

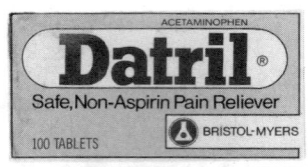
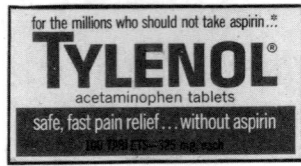

泰诺对达特利的进攻所做出的反应,是领导者该如何保护自己地位的最佳例证。达特利被赶出市场后,泰诺进而成为药店排名第一的药品。

在达特利广告播出两周前,强生已经通知百时美,说泰诺的价格将降到和达特利一样。此外,强生还发出降价通知单,降低商店现有存货的价格。

固执的百时美还是发动了进攻,它们甚至把电视广告的首播日期提前,即在接到强生降价通知后的第一天就播出了广告。百时美显然认为,泰诺的降价信息层层落实到全美 165 000 个零售店还需要一段时间。

然而,百时美打错算盘了。强生随后向电视台、报刊、专利协会和商业促进委员会进行了投诉。

电视台要求百时美修改广告片。达特利广告的第一次修改,把"便宜一美元"改成了"达特利花钱少,少得多。"强生又进行抗议,结果"少得多"也被删掉了。最后,哥伦比亚广播公司(CBS)和美国全国广播公司(NBC)干脆拒绝播出达特利的广告,百时美只能自吞苦果。

强生的阻击战非常奏效,达特利的市场份额从来没有超过 1%。此外,泰诺的销量扶摇直上,泰诺阻击达特利而创造出的势能把品牌推向了顶峰。低价加上公关效应,这两大因素把泰诺打造成为解热镇痛药品的强势领导品牌,市场份额高达 37%，其销量一度超过了安乃近（Anacin）、百服宁（Bufferin）和拜尔（Bayer）等止痛药的总和。

后来芝加哥发生过一次悲剧，有 7 个人在吃了掺有氰化物的泰诺后中毒死亡，但是随后泰诺又重新占领市场。其原因在于，市场上根本就没有能与泰诺相抗衡的强势品牌，泰诺的消费者别无选择。

假如达特利不那么贪心，假如达特利不采取"进攻战"，而是打"游击战"，结局自然会不同。

做好还击准备

如果旗下主打品牌受到价格冲击，大多数企业会怎么做？普遍的反应是："等等看吧。"等等看是否会影响企业的销售量，等等看竞争对手的资金能否长期坚持住，等等看企业的顾客在试用了廉价产品后是否会回头。

假如是你的一个主要竞争对手做出了大幅度降价，你会怎么办？作为行业领导者，你应该在心理上做好还击的准备。

你会这么做吗？你有把握吗？

"镇痛山"战役已经证明，不管是强生的高价泰诺，还是百时美的廉价达特利，彼此都有很大的市场，但对强生来说，跟他人分享市场并非明智之举。

在商战中，"共同发展"的原则毫无立足之地。强生和宝洁这样的企业从不会保留战俘。

预留储备金

对领导者来说，另一条有效的战略是给自己"预留储备金"。

当进攻者倾力出击时，领导者把钱都花在一次战役中并不值得，最好是只投入足够"压制竞争对手"的费用，然后把剩下的资金作为储备。如果有竞争对手以极其诱人的价格发起进攻时，企业就可以用这些资金捍卫自己的阵地了。

安海斯－布希公司（Anheuser-Busch）就曾在百威啤酒（Budweiser）上有效用过这一战略。在某些市场，安海斯一直"保持低调"，直到百威啤酒的销售量开始下滑，然后才启动庞大的广告运动，使百威啤酒的销量回升。该战略被称为"脉冲"，它不仅节省资金，还为应付对手的全力出击提供了储备金。

克劳塞维茨曾说："有生后备军的数量，总是双方统帅关注的焦点。"

如何应对联邦法律

约束企业的另一个限制因素是法律制裁。

这种担心的确不假，特别对于市场领导者更是如此。美国电话电报公司的拆分，以及对 IBM 长达 10 年之久的反垄断诉讼案证明了这一点。

防御者应该把一定数额的法务费用视为开展业务的正常开销。拉尔夫·纳德（Ralph Nader）讲过一个故事，说有一位航空公司的总经理在被人问起他公司的盈利情况时，他答道："还不错，是法律费用的 7 倍。"

也许和想象的不一样，我们建议的防御战略会减少企业的法务费用支出。吉列公司自我进攻的战略，恐怕要比进攻竞争对手在法律上安全得多。

欧文·考夫曼法官在伯基公司（Berkey）和柯达公司之间的诉讼案中说："仅拥有垄断的能力不一定是非法的。但是，垄断企业依靠其在一个市场的力量在另一个市场来赢得竞争优势的做法是非法的，即使它没有垄断第二个市场的意图。"

战争的目的是消灭战争

当然，一切战争的最终目的是为了赢得和平，迫使竞争者转入零散的游击战。

柯达赢得了胶片行业的和平，还有金宝汤在汤品领域、IBM 在大型计算机行业。这几家企业都占有市场的主导份额。它们在顾客的心智中占据首要地位，其他企业无法与其相提并论。

只是，领导者要保持警惕，战争总是成双成对地爆发，第一轮的失败者总会挑起第二轮的战斗。第二次世界大战是由德国挑起的，而它是第一次世界大战的战败国；英国在美国独立战争中失利，但它又挑起了1812年的战争。

假设实现了永久的市场和平，那么领导者就可以改变战略，把重心转向拓展品类，而不再是拓展品牌。正因如此，金宝汤公司推广的是汤，而不是金宝汤这一品牌。它在广告中说："汤是一种非常好的食品"，这指的是所有品牌的汤。柯达公司推广的是摄影胶片，而不只是柯达的摄影胶片。柯达在电视广告中说道："时光易逝。"

假如你拥有一个馅饼，应该设法把整个馅饼变大，而不只是把你手中的那一小块变大。

当品牌在自己的品类确立了主导地位后，比如麦当劳在快餐品类，就应该把战略转向扩大市场。麦当劳的对手是谁？是那些在家吃饭的家庭。这就是为什么"今天你该休息一下"如此有效的原因。1999年，《广告时代》评选该广告为史上最佳广告语。麦当劳后来放弃了这则广告，实在太可惜了。

MARKETING WARFARE

第 8 章
08

进 攻 战

如果无法获得绝对优势，就必须灵活动用现有力量，在决战地创造出相对优势。

——卡尔·冯·克劳塞维茨

在古代,中国人相信"阴"和"阳"构成了宇宙,并建立了完美的统一。"阴"代表女性,"阳"代表男性;"阴"是被动的,"阳"是主动的,等等。商业中进攻和防守也以同样的方式紧密联结在一起。防御方的好战略,对进攻方来说通常是糟糕的战略,反之亦然。

从理论上说,战略没有绝对意义上的好与坏,好战略也可以是坏战略,坏战略也可以是好战略,这完全取决于谁用这个战略。

实际上,进攻战与防御战虽然名称相反,性质却相同,两者紧密相连,难以分割。

一个战略对于行业领导者来说是好的,对于跟随者来说可能是坏的,反之亦然。因此,在制定战略之前,企业家要不断地问自己,企业目前在行业中占据什么位置。

领导者应该进行防御战,而不是进攻战。进攻战适用于处于市场第二位或第三位的企业,而且这家企业应具备足够的实力向领导者发动持续的进攻。

没人能说出"足够的实力"到底是多少。商战就像军事战争一样,是一门艺术而不是科学,企业家必须用智谋去判断。

在某些行业中,可能有好几家企业都具备足够的实力向领导者发起进攻,而在另一些行业中,却没有一家企业具备这样的实力。宝来公司(Burroughs)、通用自动计算机公司(Univac)、美国国家现金出纳机公司(NCR)、控制数据公司(Control Data)和霍尼韦尔公司(Honeywell),这几家公司(合称"BUNCH")中的任何一家在大型计算机市场向IBM公司发动进攻都是极其愚蠢的。

第 8 章 进 攻 战

如果你的企业实力足够强大，就应该发动进攻战。以下三条原则可作为指导。

进攻战第一条原则

领导者定位中的强势是主要考量因素。

这条原则与防御战第一条原则完全相同。但是，第二位或第三位的企业把注意力集中在领导者身上，远比领导者把注意力集中在自己身上要艰难得多。

大多数企业就像是小孩，它们想"靠自己"，遇到问题时的本能反应就是对企业内部进行研究。企业喜欢考量自身的优势和弱点，研究自家的产品质量、销售队伍、产品定价和销售渠道，这就是为什么大多数企业最后把自己错当领导者的原因。

处于第二位或第三位的企业应该把注意力集中在领导者身上，研究领导者的优势和弱点，领导者的产品、销售队伍、定价和渠道。

不管第二位的企业在某一品类或某个特性上的实力有多么强大，假如领导者在这方面也相当强大，前者便无胜算。

领导者在顾客心智中占据了位置，进攻者要想打赢心智之战，必须抢占领导者的位置取而代之。仅仅能胜是不够的，你还需打败竞争对手，特别是领导者。

假如你的品牌名称固特里奇（Goodrich）和领导品牌固特异（Goodyear）几乎一致，那你的品牌就很难和领导品牌产生区隔。固特里奇轮胎应该改名，而不是在广告中纠缠于此。

传统工艺上讲，苏格兰威士忌是调和威士忌，而格兰威特（Glenlivet）和另外几个品牌推出了单一麦芽苏格兰威士忌，并且开始从领导品牌手中夺走市场份额。优秀的战略是推出不一样的威士忌，而不是更好的调和威士忌。

几年前，舒莱公司（Schenley）推出了"极品"（NE Plus Ultra），它是当时市场上最贵的12年苏格兰威士忌。舒莱公司对"极品"寄予了厚望，其拉丁语的意思是"没有比这更好的了"。

销售总监说："如果人们能亲自品尝一下，销量就不成问题了，因为它的味道实在是太爽口了。"

问题不在于品尝，而在于"皇家芝华士"（Chivas Regal）。"极品"在烈酒类商店中的销售情况极差，在饭店和酒吧中的销量几乎为零（试着对你喜爱的酒吧招待说"给我来杯'极品'吧"，看看他的反应）。

第二次世界大战中曾广泛张贴过一张海报，形象地说明了把精力集中到敌人身上而非自身的必要性。那时，美国政府最关心的是食物储备问题，于是政府印制了爱国海报，上面写着"食物将帮助我们赢得战争"。美国士兵看着无法引起他们食欲的应急军粮，说道："我们知道食物能帮助我们赢得战争，可是我们怎样才能让敌人吃到它呢？"

让敌人吃光军粮是进攻战的主要目标。士气具有决定性作用，重点应放在摧毁敌人的士气上。

然而，要让市场排名第二位的企业重视这一点并不容易，大多数商业计划都写着要"提升市场份额"。在某个特定行业中，经常有六七家企业都在制订提升市场份额的商业计划，更别提正在入侵这一市场的新企业了。难怪那些商业承诺从来很少兑现。

对于处在市场第二位的企业来说,好的战略应该是盯住领导者,问自己:"我怎么才能削减它的市场份额?"

这并不是说要炸掉领导者的厂房,或阻断它们的运输干线,那是对商战物理层面的理解。要记住,商战是一场心理战,顾客的心智才是战场,一切进攻都要瞄准顾客心智。你的炮兵不是别的,是文字、图片和声音。

进攻战第二条原则

找到领导者强势中的弱点进行出击。

在领导者的强势之中找到弱点,并攻击此弱点。没错,我们指的就是要在领导者"强势"中找弱点,而不是直接去找它的弱点。

领导者有时会有一些弱点,但那仅仅是弱点而已,并不是它们强势中固有的弱点。它们只是在某一点上疏忽了。这种弱点并不重要,只要你一攻击,领导者就可以迅速弥补,这样反而促使领导者更为强大与完善。只有那些隐藏在领导者强势中的弱点,才是领导者与生俱来无法避免的弱点,因为它想避免就必须付出同时放弃强势的代价。

梅赛德斯-奔驰制造出宽大、舒适、尊贵、适合乘坐的轿车,宝马便用更小、更敏捷的车型来进行攻击。"终极驾驶机器"是宝马对其定位的描述。如今,宝马的销量在美国及全球很多国家都超过了奔驰。我们建议找我们做定位咨询的客户"成为领导者的对立面",即进攻战第二条原则的另一种解释。

泰诺的高价（100片2.85美元）并不是固有的弱点。每100片325毫克的泰诺药片中只含5美分的醋氨酚，强生很容易就可以给泰诺降价，达特利的惨败足以证明这一点。

IBM计算机的高价，同样也不是其固有的弱点。由于生产规模巨大，IBM在计算机行业中的生产成本最低。在价格上攻击IBM非常危险，因为它们有足够的财力，不管产品价格降到多低都可以盈利。

但有另外一种弱点，它是由强势带来的。安飞士公司在广告中曾说："选择安飞士吧，我们柜台前排的队更短。"赫兹公司对这一战略难以反击，作为最大的租车公司，它的确让更多的顾客在排队，也难以给顾客提供快速的服务，这是多数领导者的缺点。

美国汽车公司作为通用汽车、福特、克莱斯勒之后的小角色，近年来取得的成功便是其"买方保护计划"，这对很多通用汽车经销商劣质的服务质量是一次有效的打击。像赫兹公司一样，通用汽车成了自己胜利的牺牲品。经销商在前端销售的车越多，后端的服务质量就越跟不上。

进攻方不一定总要避免价格战，如果那是对方强势中的内在弱点，价格战就非常有效。这里有一个例子是广播广告局，它是推广电台广告益处的一个组织。

Linux因同微软的Windows对立而成为大品牌。Windows是付费的，而Linux是免费的；Windows有版权，而Linux是开源软件，等等。

李施德林（Listerine）是一种口味不佳的漱口水，它曾这样宣传："你讨厌的味道，一天两次。"斯科普（Scope）使自己成为领导品牌的对立面——口味好的漱口水，从而成为排名第二的品牌。

谁是媒体广告的领导者？电视。电视不仅每年售出180亿美元的广告时段，还占据了广告主的心智。

电视的强势是什么？电视传媒成功的秘诀之一是其覆盖率，像美国橄榄球"超级碗"这样的电视节目，能够覆盖美国60%的家庭。

电视这种强势中蕴含的弱点又是什么？要想覆盖这么多家庭，费用很高。"超级碗"的广告标价现在已经超过每分钟100万美元，而且价格还在继续上涨。美国政府在第二次世界大战中每分钟花掉9000美元，在越南战争中每分钟花掉2.2万美元。如今在"超级碗"节目中播放广告每分钟花费100万美元。战争是昂贵的，然而商战也毫不逊色。

广播广告局在一个广告标题中问道："你如何才能从高额电视广告的痛苦中解脱出来？"答案是："广播电台。"

大家都知道，广播电台的广告不贵，但要使这一观念深入人心，电台的低价必须和电视的高价关联起来。

进攻战第三条原则

尽可能地收缩战线。

企业应该在尽可能狭窄的阵地上发动进攻，最理想的进攻状态是单一产品。"全线产品"是一种奢侈，只有领导者才能担负得起。进攻战应该集中在狭窄的阵地上打响，以确保获得首期战果。

这方面应该从军事战争中学习知识。第二次世界大战中，进攻通常都是在非常狭小的阵地上发动的，有时候仅仅是在一条公路上。只有在突破防线后，进攻方才横向扩展，占领阵地。

在狭窄的阵地上发动进攻时，就会用上兵力原则，即集结兵力以达到局部兵力优势。克劳塞维茨说："如果无法获得绝对优势，你必须灵活动用

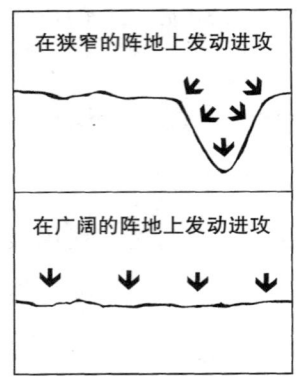

你会认为,在狭窄的阵地上集中兵力进攻明显优于大范围分散兵力作战。然而,很多管理者并不这么认为,如戴尔与惠普之争。戴尔以狭窄的产品线进行直销,而惠普则在众多不同渠道中销售各式各样的产品。哪家企业的战略更好呢?当然是戴尔。

现有力量,在决定性的地点创造相对优势。"

企业若是一下子在非常广阔的阵地上投入多种产品,发动全面进攻,企图尽快获取尽可能多的领地,最终一定会丧失所有的领地。因为任何时候,领导者总是有绝对的力量优势,无论是财力资源、产业关系、分销渠道,还是顾客认知。

值得警惕的是,许多处于第二位或第三位的企业总是跃跃欲试。克莱斯勒公司总裁林恩·汤森曾说:"我们没有奢侈到可以错过占领美国所有汽车市场的机会。"正是这种态度,导致了克莱斯勒过去的大麻烦。

美国汽车公司的总裁则公开抱怨,其产品只在 25% 的汽车市场上竞争。美国汽车公司的下一步行动很可能就是要扩大其产品线,但这将会进一步削弱它的销售。

防御者胜算大

大卫并不是每天都能出去杀死歌利亚[⊖],进攻战并不是一项简单的任务。克劳塞维茨的防御优势原则说过,防御者胜算大。

调查统计表明,大多数进攻都以失败告终。一项对 600 家企业为期两年的调查中,只有 20%

⊖ 《圣经》中的牧羊人大卫杀死了非利士人的巨人歌利亚。——译者注

企业的市场份额提高了 2% 或以上。换言之，80% 的企业收益甚微，或实际上丧失了领地。

如果注意一下这些企业的历史，就会看到随着时间推移，市场份额会锁定在固定位置上，就像第一次世界大战演变成了堑壕战，此时的战绩仅以码来计算，而非英里。在那些只有 5 年或不到 5 年历史的企业中，有 40% 的企业提高了市场份额；在那些有 20 年或以上历史的企业中，只有 17% 的企业提高了市场份额。

很显然，进攻战只适合最坚定、最有能耐的企业家。但如果仔细分析了领导者的强势，就能增加胜算。

强势中的弱点

强势中存在着弱点，就看你能不能找到，就像阿喀琉斯⊖的脚踵就是他致命的弱点。

当一家企业提高市场份额到特定值时，它将会变弱，而不是更强。那些市场份额到达 60%、70% 或 80% 的品牌看似无比强大，其实也有脆弱的一面，就看如何在其强势之中找到内在的弱点。

让我们以业余摄影用彩色感光胶卷为例。美

每一项强势中均蕴含弱点。正如尤吉·贝拉（Yogi Berra）所说："那地方实在太热门了，没有人再愿意去那里了。"

⊖ 阿喀琉斯（Achilles），希腊神话中的英雄，除脚踵外周身刀枪不入，后被帕立斯暗箭刺中脚踵而被杀害。后人常用"阿喀琉斯之踵"形容唯一弱点或致命弱点。——译者注

国此种胶卷市场达到 10 亿美元的规模，柯达公司占 85% 的市场份额（据报道，柯达的税前利润率超过了 50%）。显然，柯达是一个有着巨大影响力的黄色怪物，要想攻击它，需要深思熟虑的战略。

可不要打价格的主意。柯达公司有很高的利润率，即使把产品降到半价也会盈利。此外，胶卷的价格只是整个服务的一小部分，多数业余摄影者使用的彩色胶卷必须冲印，而这一过程的费用比胶卷本身的价格还要高。

也不要打质量的主意。大多数摄影者根本看不出质量的差异，就算你能生产出质量极为上乘的胶卷，柯达公司这一世界上最大的胶卷制造商，也能在短期内生产出同样好的产品。

不要寻找单纯的弱点，不如换个角度思考问题，看看柯达公司的强势之处。

柯达在摄影胶卷行业中的强势是什么？它的强势就是无处不在。柯达胶卷的黄色小盒到处可见，这就是它的主要优点之一。不管你在哪儿，都能确保买到一盒柯达胶卷，美国几乎每个超市、杂货店、报摊和糖果店都有售卖。仅在美国，柯达胶卷就有将近 20 万个销售点，它的说明书多达 8 种语言。

对胶卷使用者来说，随取随用是巨大的便利。不管你在世界上哪个地方，总能买到柯达胶卷。而且，胶卷使用者喜欢固定使用一个品牌，柯达显然成了他们的首选。

柯达强势中的固有弱点是什么呢？如果你看一下它的包装盒，就会看到上面印着"有效日期"。柯达公司制作胶卷就像布里公司（Brie）制作乳酪、金吉达公司（Chiquita）生产香蕉一样，柯达胶卷出厂时还是"未成熟"的，它们在货架上慢慢"变熟"。但如果胶卷"熟过了头"，照片洗出来常常会颜色不正，让人非常失望。柯达为了达到"无处不在"也付出了代价，就是不得不忍受胶卷在室温下慢慢老化。

像香蕉一样，彩色胶卷可以在出厂时就"熟"了。但是和香蕉不同的是，彩色胶卷如果进行冷藏的话,就会维持原貌。这就是为什么柯达的专业胶卷出厂时就已经"熟透",在售出之前要一直冷藏。

所以,我们为柯达竞争对手提出的进攻战略,就是为业余摄影者胶卷市场生产世界上第一款冷藏彩色胶卷。我们为它起名为"真彩"(Trucolor),是向顾客传递出一个信息:胶卷在售出以前并没有在货架上变质。

胶卷就像是香蕉,刚生产出来时是"未成熟"的,它会在分销渠道中慢慢"变熟"。

当然,作为战略配称,对手企业不能在柯达的20万个销售点进行销售,因为这些销售点大多没有冷藏设备。不仅如此,柯达公司还锁定了这些销售点,不允许它们售卖其他品牌的胶卷。对手企业可以选择销售的地点是在超市里的冷藏区。举例来说,六盒一组打包销售,并告诉顾客,在使用前一直把胶卷放在冰箱里冷藏。也许有一天,你的冰箱里除了黄油盒,又会多一盒胶卷。

这是一个极妙的战略,但首先得有人看到"真彩"这个概念的潜力。我们曾为3M(美国第二大胶卷企业)提出过这一战略,遗憾的是当时被拒绝了。一直以来,3M的市场份额远远落后于柯达。

相似的做法适用于对付任何无处不在的大品牌。例如,怎样对付金宝汤公司?不要在味道和价格上打主意。实际上,不要考虑罐头里面的东西,而是把注意力集中在罐头本身,这才是金宝

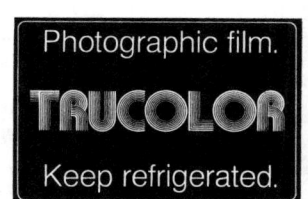

我们建议3M公司推出一款出厂时就能使用的"真彩"胶卷与柯达竞争。

如何同市场领导品牌金宝汤竞争？让你的汤食采用玻璃或塑料包装，然后指出罐头盒包装的坏处。有些汤食生产商只做了第一步，它们强调了新包装（玻璃包装）好的一面，却没有强调传统包装坏的一面（罐头盒易生锈）。

汤的薄弱之处。

罐头盒容易生锈，然而金宝汤的罐头盒生产设备价值上亿美元，它绝不会轻易放弃这些设备。可是新竞争者没有这种限制，所以它可以尝试塑料、玻璃或无菌包装，然后和金宝汤竞争。

别指望任何企业能很快接受这些战略思想。优秀的进攻战略一般很难推销出去，因为它们本质上是反常规的，同多数企业家要在常规中"做得更好"的思维正好相反。

专注的好处

还有另一种难以推销的想法，那就是联邦快递（Federal Express）的战略概念。弗雷德·史密斯（Fred Smith）在耶鲁大学上学的时候，写过一篇经济学方面的论文，阐述他在这方面的观点，可是他的教授只给了他一个"差"的评语。史密斯先生没有因此气馁，他亲自执行了这一战略。联邦快递公司找到了8000万美元的风投资本，10年后联邦快递成为包裹快递业务中盈利丰厚的竞争者。

联邦快递的运营有很多吸引人的地方，它整个系统的设计是仅投递包裹和信件，每件不超过32千克。这是世界上首家采用中心辐射型投递方式的空运快递公司，它的包裹和信件不是从出发地直接投递到目的地，而是先运送到位于孟菲斯的中心进行分拣,然后再通过飞机运送到各地。

这种中心辐射型的创新是一种技术突破,就像1346年克雷西战役中英国人使用的长弓一样。

联邦快递尽管发明了新型武器,但并不是一夜之间获得成功的。最初,它推出了三种类型的服务:一类、二类和三类(送达时间分别为隔夜、两天和三天),企图以此与艾莫瑞公司(Emery)和艾博恩公司(Airborne)等空运公司竞争。联邦快递在广告中说:"本公司自备飞机和卡车,因此更可信赖,更为价廉。"

然而这种想法完全错误。联邦快递前两年就亏损了2900万美元。全线产品是领导者享用的奢侈。进攻战第三条原则:尽可能地收缩战线。随后联邦快递进行了重组,改变了战略,聚焦在一类服务上。它在电视上投放了大量广告,声明"包裹绝对、肯定隔夜送达"。这个广告是新战略的基石。

这些年来,隔夜送达的专注战略战果累累。现今,联邦快递主导了小型包裹空运快递市场,其年营业收入超过10亿美元,相当于艾莫瑞和艾博恩的收入总和。

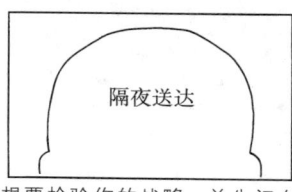

想要检验你的战略,首先问自己:"我们想在顾客心智中占据哪个词?"联邦快递决定占据"隔夜送达"一词,它获得了显著的成功。如今,联邦快递想占据哪个词?我们敢打赌,虽然企业在新广告上投入巨资(最近一年斥资8850万美元),但大多数人不知道联邦快递的广告主题是"请放心,这是联邦快递"(Relax, It's FedEx)。联邦快递所要做的是回归本源——"包裹绝对、肯定隔夜送达"。这里还蕴含一个意思:如果联邦快递精于隔夜送达服务,那么它同样擅长两天或三天的送达服务。

不专注之弊

美国管理科学公司(Management Science America)

詹姆斯C.韦瑟比（James C. Wetherbe）在《联邦快递：世界同步》（*The World On Time*）一书中，列出了让联邦快递一夜成名的11项管理原则。你认为哪项原则涵盖了"隔夜送达"业务？答案是：它完全被忽略了。

得到一个深刻的教训，就是要用单一产品发动进攻。它原本是大型计算机软件的最大独立供应商，随后收购了桃树软件公司（Peach-tree），企图打入个人计算机软件市场。

然而，美国管理科学公司运作桃树软件公司的方式，似乎是把自己当成了领导者而不是跟随者。在一次称为"大爆炸"的市场活动中，桃树软件公司一口气推出了25种软件产品。美国管理科学公司的总裁夸口道，通过推广一系列微型计算机软件的优质产品，桃树软件公司将会领先于莲花（Lotus）等主要依赖单一产品的企业。

桃树软件公司的"大爆炸"行动开展得轰轰烈烈，还投入大规模的广告。然而不到两年，美国管理科学公司就宣布在个人计算机软件领域投资失败，并宣布出售或分拆桃树软件公司的经营业务。

更糟的是，美国管理科学公司把精力全部集中到桃树软件公司时，它正在逐步丧失自己在大型计算机软件的阵地。卡里内特软件公司（Cullinet）后来居上，大有赶超之势。

向寡头垄断企业进攻

垄断企业看上去非常强大。但是，一家企业即便占领了100%的市场份额，其他企业也能对它发动成功的进攻，只要能够找到其强势中的固有弱点。

我们以《华尔街日报》为例。它的发行量超过200万份，不仅是美国最大的报纸，也是所有纸质媒体中刊登广告最多的。你可能会说，这确实是一个具有诱惑力的目标，但是还没有人攻击过它。现在让我们模拟演示一个进攻方案。

《华尔街日报》是怎样变得如此强大的？有人会说，因为它拥有优秀的作家和编辑。因此，你可能想启用比它更好的编辑，以此发动攻势，但这并不是好的战略思想。优秀的将军总是设法避免依靠高素质员工来增加自己的胜算；优秀的商业将领也不会依靠在写作上胜于《华尔街日报》。

那么《华尔街日报》的强势在哪里呢？假如你仔细研究它的版面就会发现，其实它是由两份报纸组成的：一份是商业报，报道商业新闻，如新产品、新设备、新商业活动等；另一份是财经报，包括股票、债券、公司收益等。为了证明这一点，我们曾剪开一份《华尔街日报》，把商业新闻和广告以及财经新闻和广告分放两边，结果两者高度几乎相同。

你应该攻击哪份版面呢？《华尔街日报》名字中的"华尔街"将其定位为一种金融报。因此，它的商业版面是更好的攻击点。"商业时报""商业新闻日报"将是一份新报纸的好名字和好定位。

《华尔街日报》
商业
金融与投资

《华尔街日报》由三个常规版面组成。"商业"版面报道的是商业新闻，"金融与投资"这两个版面是与财经相关的内容。其中，商业新闻内容占据一半篇幅。优秀的进攻战略就是聚焦于领导者的一块细分市场。因此，《华尔街日报》的商业版面就成了我们的攻击对象。

如此一来，商务人士就不用从诸如"芝加哥城又发行了新的 10.375% 的市政债券"等金融新闻中，费劲地找出他们需要的商业新闻了。商业广告客户也不用再为报纸多余的发行量多掏钱了（在《华尔街日报》上登一整版广告需要花 75 355.68 美元，而且这个价格还在上涨）。

"商业时报"的战略直接由进攻战的三条原则发展而来。

第一条原则：领导者定位中的强势是主要考量因素。换句话说，就是把注意力集中在《华尔街日报》上，而不是你自己身上。

第二条原则：找到领导者强势中的弱点进行出击。像许多寡头垄断企业一样，《华尔街日报》满足所有人的所有需求，这是其强势，也变成了其弱点。

第三条原则：尽可能地收缩战线。你的"商业时报"应该在《华尔街日报》一半的阵地上对其发动进攻。

创建一份"商业时报"需要投资 5000 万~1 亿美元？当然！但是，比起甘尼特公司（Gannett）为了让《今日美国》报纸腾飞而投的钱，这还算少的（该报成功的可能性不大）。《今日美国》是对一个不确定市场的侧翼战，而"商业时报"则是对有着 2.5 亿美元广告收益的既有市场的进攻战。

在进攻战中投入更多资金，企业也能承受，因为你知道市场就在那儿，而侧翼战通常是投机性冒险行为。

MARKETING WARFARE

第 9 章
09

侧 翼 战

乘胜追击是赢得胜利的第二次行动,在许多情况下比第一次行动更重要。

——卡尔·冯·克劳塞维茨

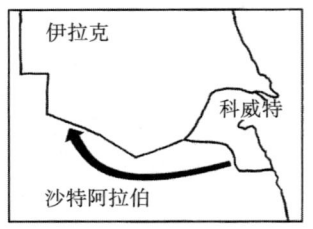

第一次伊拉克战争开始时,美军及其盟军在沙特阿拉伯的东部和科威特安营扎寨。伊拉克人自然而然地认为美军会从东部发动进攻。诺曼·施瓦茨科夫(H.Norman Schwarzkopf)将军却将15万盟军向西移动了100英里,然后从南部发动了主攻,打得伊军措手不及。100个小时以后,伊拉克防线溃败,美军宣布战斗结束。

在许多企业家看来,进攻战和防御战是最常规的战略。领导者防御,跟随者进攻。难道还有其他战略吗?

当然有,那就是侧翼战。可能在许多企业家看来,侧翼战不过是一种军事概念,在商战中难有用武之地。事实并非如此,侧翼进攻是商战中最具创意的战略形式。

许多军事家在制订作战计划时,花费大量时间寻找发动侧翼包抄的途径。美国一次重要的登陆胜利就是一次侧翼战,即1950年麦克阿瑟将军在仁川港的登陆。但侧翼战并不是总能成功,1944年盟军在安齐奥的失败就是一个著名的例子。

不管对于商业还是对于军事来说,侧翼战都是一种大胆的行动,就像是赌博,而且是一场豪赌,需要对每天每日、每时每刻制订周密的计划。

可以说,对一位将军而言,进攻和防御的任务是常规职责。他存在的价值就是有一天被任命指挥侧翼战,这将是他最能取得辉煌胜利的绝佳机会。

多年来,最成功的商战大都是侧翼战。比起其他战略形式,侧翼战更需要掌握作战原则,进攻开始后,还要有预见战局发展的远见。这些能力同一位优秀的棋手所拥有的特质相差无几。

侧翼战第一条原则

最佳的侧翼战应该在无争地带进行。

你肯定不会让伞兵在敌人的机枪口上方跳伞,你也不应该在已经有强势品牌把守的阵地推出用于侧翼战的产品。

发动侧翼战,并不需要生产出不同于市场上已有产品的新产品。但是,包抄者的产品中必须有创新或独特的成分,让潜在顾客把你的产品归为新品类。

当你可以绕过领导品牌时,为什么还要与其正面交锋呢?这一看似简单的想法,其实是一种强大的商战思维。

美国数字设备公司(DEC)曾对IBM发动了侧翼战,顾客将其产品归入一个新品类,称为"小型计算机",同IBM的大型计算机相对立。

侧翼包抄能否成功,常常取决于包抄者是否有能力开创并维持一个独立的新品类,这一点是关键所在。当然这做起来并不容易,特别是防御者可能会否认新品类的存在,进而挫败你的包抄。

传统的市场理论把这种方法叫作"市场细分",即寻找细分市场或利基市场。要想发动一场真正的侧翼战,有一个战略前提,即必须是第一个抢占细分市场,否则就变成了向严密防守的敌人发动进攻战。

侧翼战和进攻战大不相同。假如市场上某一个山头或某一细分市场尚无设防,那么一个班的兵力就可以将其攻打下来。但是,假如已有对手设防,那么要攻打下同样的山头需要整整一个师的兵力。

发动侧翼战需要独特的远见,其原因在于,一次真正的侧翼战中,新产品或服务并没有现成的市场。这难为了那些商学院毕业的才俊,他们找不到什么资料可以用电脑来计算出战略。米勒公司(Miller)推出莱特(Lite)啤酒发动侧翼战时,淡啤的市场在哪里?没人知道。今天美国人喝掉至少3500万桶淡啤,其中大部分都是由米勒公司酿造的。

要让企业去开创新市场是很困难的,但是要想成功地发动侧翼战,就必须这么做。那么生意从何而来?答案是:从企业要侧翼包抄的竞争对手那里夺来。无论将要打的是一场什么战争,战略的本质就是要视市场领导者为竞争对手,而不是跟随其后,将其作为标杆和榜样。侧翼战成功的关键,就是避开竞争主力,开辟出局部无争地带,令对手难以阻击。

梅赛德斯－奔驰通过销售更昂贵的轿车,向凯迪拉克发起侧翼战。当奔驰推出诸如A级和C级的便宜版轿车时,它破坏了其高端定位。

梅赛德斯－奔驰曾在豪华汽车市场向凯迪拉克发动侧翼战,使得凯迪拉克的顾客转而购买奔驰,因为凯迪拉克的顾客已经习惯了"买最好的"。直至凯迪拉克推出更高价的赛威(Seville),才在一种程度上恢复了元气。

侧翼战第二条原则

战术奇袭应该成为作战计划中最重要的一环。

就本质而言,侧翼战是一场奇袭,这是与进攻战完全不同的地方,进攻战的特性和指向都是可以预见的。如果福特想进攻通用汽车,必定是攻击雪佛兰和凯迪拉克之间的产品。

然而,成功的侧翼战则完全是出乎意料的。奇袭因素愈强,领导者做出反应加以防御的时间越长。奇袭还能削弱竞争对手的士气,让其员工一时瞠目结舌,在接到总部指示前不知所措。

不幸的是,市场测试或太多调研常常会破坏侧翼行动,因为这样会把自己的包抄路径暴露给竞争对手。

达特利止痛药就是一个惨痛的教训。它的市场测试惊动了强生公司,使后者意识到了潜在的危险。

这种测试常会处于两难境地,如果测试失败就谈不上进攻,如果测试成功就会惊动领导者。一旦领导者采取措施,当侧翼攻击范围扩大到区域市场或全国市场时,就会遭遇失败。

如果领导者愚蠢到没有发现侧翼战的市场测试成功呢?当然了,你的企业就能在全国范围内推广新产品或服务,并获得巨大的成功。换句话说,你默默祈祷希望竞争对手没有注意到你的包

苹果出品的 iPod 是第一款硬盘式 MP3,它已成为年轻人的必备品之一。苹果 CEO 史蒂夫·乔布斯有一点做得很对,那就是对新产品情况守口如瓶,直到企业做好上市准备。

抄行动。

或许有些企业会很幸运，但这样冒险违反了军事上最重要的原则：战略应建立在敌方所具备的能力上，而不是建立在敌方可能的反应上。要知道，战场上的任何风吹草动都会引起双方的警觉，更不用说进行包抄路径的战略演练了。

侧翼战第三条原则

追击与进攻同等重要。

这是一条乘胜追击的原则。克劳塞维茨说："如果没有追击，胜利就不会产生巨大效果。"

但很多企业在取得领先后就停止了行动，它们在实现了早期的销售目标后，就把资源转移到其他业务上去了。

这是个严重的错误，特别是对侧翼战来说。有一句古老的军事格言：巩固胜利，放弃失败。

假定一家企业有 5 款产品，其中 3 款获得了成功，另外 2 款失败了。试问哪种产品会占据高层管理者的时间和注意力呢？通常是失败产品。

正确的做法应该相反，把打败仗的毙掉，并将资源配给正在取得胜利的产品。这和股市中的赚钱法则一样：抛掉亏损股，追加盈利股。

由于某些感情上而不是经济上的原因，许多企业不会正确地对待成功，它们总是无视未来，而把全部的资源用于扳回过去犯下的战略错误。如果侧翼包抄的产品开始获得成功，就应该乘胜追击，目标是取得胜利，巨大的胜利。

大多数企业规划的重点都是为了避免失败，所以将大量的金钱和时间都用在保护滞销产品和滞销市场上，却很少考虑到要巩固初见成效的产品。

建立稳固地位的最佳时间是在早期阶段,那时产品刚刚上市,新颖诱人,所遇竞争甚少或弱小,而这是一种无法长久享受的奢侈。

近几年有一些侧翼成功的例子,如奇幻喷雾清洁剂(Fantastik)、皓清牙膏(Close-up)、莱特啤酒,它们都是在早期投入巨资,而不是在成功之后。

成功孕育成功,这一点非常重要,企业要及时利用已经建立起来的市场优势,在领导者开始设防之前,在跟随者蜂拥而至之前,赶紧让自己的新产品腾飞。

假如企业没有足够的资源在侧翼战成功后继续推进,那该怎么办?这种情况在许多行业中都出现过,如汽车、啤酒和计算机行业。也许企业一开始就不应该发动侧翼战,而该打游击战(后文将详述)。商业史上有很多这样的例子,即侧翼战早期获得了成功,却因为缺乏资源继续推进,最终失去了大好前程。

还记得 Altair 计算机吗?一家叫作 MITS 的公司在 1975 年推出了 Altair——世界上第一台个人计算机。但是 MITS 没有资源持续投入,因此在 1977 年被收购,之后不断萎缩,并于 2 年后消亡。短短 4 年时间,MITS 公司创始人爱德华·罗伯茨(Ed Roberts)利用其从 Altair 获得的利润,在佐治亚州买了一座农场变成了农场主,但同时

这款产品的全称是 MITS Altair 8800。为什么新品类的第一个品牌总是取一个又长又复杂的名字呢?第一款手机叫作摩托罗拉 DynaTAC 8000X;第一台计算机叫作 ENIAC,它是电子数字积分计算机(electronic numerical integrator and computer)的缩写。竞争中胜出的品牌通常具有更简短的名字,如苹果和诺基亚。

他也失去了成为IBM总裁那样的机会。很大程度上，Altair是其自身成功的牺牲品，它开创的巨大市场最终吸引了资源更充足的大型竞争对手。

当然，大多数企业没有机会推出个人计算机，而只能推出平凡的产品。那应该如何在所属品类中寻找侧翼包抄的机会呢？让我们回顾一下几个经典的侧翼战。

低价位侧翼战

侧翼战中最明显的一种手段是低价。这种方法的优势在于市场现成，毕竟每个顾客都想省钱。但挑战也很明显，降价会削减利润，导致很难盈利。

降价且同时盈利的诀窍在于，在顾客不注意或不关心的地方降低成本。

15年前，天天旅馆（Days Inns）在汽车旅馆市场上以低价向假日酒店（Holiday Inns）发动了侧翼战，如今天天旅馆已是美国第八大连锁旅馆，也是最盈利的旅馆之一。巴杰特公司（Budget）在汽车租赁市场上以低价向赫兹和安飞士发动了侧翼战，现在巴杰特公司正在和国家租车公司（National）争夺市场第三的位置。

但既然是侧翼战，就一定要把握乘胜追击的重要性。巴杰特在追击上做得很好，率先行动并

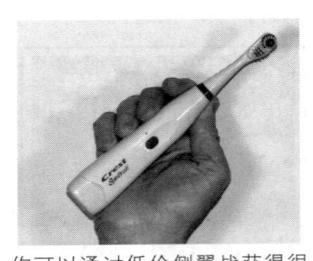

你可以通过低价侧翼战获得很大的收益。约翰·奥舍（John Osher）和其他三位来自克利夫兰的创业者开发出一款售价仅为5美元的电动牙刷，这款名为炫洁（SpinBrush）的产品于1998年问世。两年后，炫洁以4.75亿美元的价格出售给宝洁，这对于当初创业只投入150万美元的投资来说可谓是很高的回报。

快速扩张，如今它在世界上 37 个国家开设了 1200 家分店。正是快速追击使得巴杰特遥遥领先于道勒（Dollar）、斯维弗蒂（Thrifty）和艾克诺（Econo-Car）那些同样实行低价位侧翼战的跟风企业。

1975 年，一家名为赛文的公司乘施乐不备，推出了由日本理光公司生产的小型廉价复印机。随后赛文公司在广告中进行了追击宣传，它宣称在美国销售的复印机比施乐和 IBM 加起来还要多。

高价位侧翼战

心理学家罗伯特 B. 西奥迪尼（Robert B. Ciadini）讲述过这样一则发生在亚利桑那州一家珠宝店的故事。这家珠宝店的一些绿宝石饰品一直卖不出去。有一次店主要出远门，出门前他随手给店里的售货员写了张条子，上面写着"假如仍卖不出去，那么价格 ×1/2。"，他打算赔本卖掉店里的绿宝石。几天后，店主回来了，发现店里所有的绿宝石都卖完了。原来店主的字条写得太潦草，售货员把 1/2 看成了 2，结果这批珠宝非但没有半价出售，反而以原先两倍的价钱卖了出去。

对许多商品来说，高价带来利益点，它增加了商品的可信度。例如，"欢乐"（Joy）香水宣称其为"世界上最贵的香水"，它的高价就是顾客的利益点。

绝对（Absolut）伏特加是高价侧翼战的另一个例子。它的售价比领导品牌皇冠（Smirnoff）伏特加高出 50%，但是绝对伏特加取得了巨大的成功。绝对伏特加成功的关键是出色的广告吗？当然这是原因之一，但是若没有高价战略，广告不可能那么有效。灰雁（Grey Goose）伏特加以其人之道还治其人之身，用比绝对伏特加更高的价格侧翼袭击了绝对伏特加。灰雁伏特加上市 7 年后，以 20 亿美元的惊人价格被百加得公司（Bacardi）收购，创下了行业单一品牌的最高金额交易纪录。

美国市场上增长速度最快的连锁超市是全食超市（Whole Foods Market）。全食所售商品价位高，主要专注于有机食品的销售。

雷克萨斯并不是第一款高价日本车，讴歌（Acura）才是。然而，雷克萨斯赢得了商战，因为它专售6缸和8缸的高价轿车，而讴歌除了销售这两款车型，还销售相对便宜的4缸轿车，因此拉低了自己的品牌，输掉了商战。

以高价发动侧翼战的机会很多，以爆米花行业为例。1975年，整个爆米花品类的销售额仅为8500万美元，亨特–沃森（Hunt-Wesson）投资600万美元，为奥威尔·雷登贝克（Orville Redenbacher）美味爆米花做广告。它的售价比市场领先品牌高2.5倍，销量却突飞猛进。4年后，它成了美国第一大品牌，虽然标签上写着"世上最贵的爆米花"。

甚至像超市这样的低价巨头也有打高价位侧翼战的机会。不少高档超市已经开张，它们不仅销售狗粮、清洁剂等普通商品，还销售龙虾、松露和鱼子酱等高端商品。在美国的东海岸，盛大联盟公司（Grand Union）开了34家叫作"美食商场"的高档超市。明尼阿波利斯市的白尔利（Byerly's）是一家只有6家分店的小型连锁超市，超市以地毯铺地，水晶灯吊顶，它是美国第一家由设计师设计的超市。

作为高端冰激凌，哈根达斯也是一个高价位侧翼战的经典案例。哈根达斯是第一个做高乳脂冰激凌的，现在它的销量比其他高端品牌总和还多。

几乎在所有品类中都曾有人成功发动过高价位侧翼战。从汽车（奔驰）到银行（摩根担保公司）再到啤酒（米狮龙），从飞机（协和式飞机）到手表（君皇表），几乎任何一种产品或服务都有绝佳的高价位侧翼战机会。

高价位侧翼战比低价位侧翼战更有市场机会，这其中有两个原因：一个是顾客有把价格等同质量的倾向，认为高价应该"物有所值"；另一个是高价能带来高利润，让企业有资本在侧翼战的关键追击上持续投入。

小型产品的侧翼战

以小尺寸产品发动侧翼战的一个典型的例子是索尼公司。索尼使用集成电路开创了一系列创新性的小型产品，包括"塔米"（Tummy）电视机、随身听和便携式电视机（Watchman）。

然而，最经典的侧翼战要数大众甲壳虫汽车。大众汽车成功地侧翼包抄了通用汽车，使汽车行业格局发生了巨大变化。

通用汽车制造的是大型车，大众制造的是小型车；通用汽车的发动机在车身前部，大众的发动机在后部；通用汽车的车型优美，大众甲壳虫车型另类。

大众甲壳虫在进攻底特律堡垒时，在广告中说，"想想小车"，这是一个经典的侧翼战范例。

但是一有机会，大众便开始考虑生产大型车了。它快速地推出了8座厢式车、4门411型和412型轿车、运动型冲击者（Dasher）和大众称为

10年前，大众汽车在美国市场重新推出了甲壳虫汽车。甲壳虫2.0一上市就获得了成功。人们看着又小又丑却很可靠的汽车就会想到——"这才是大众汽车"。1995年，大众汽车跌入低谷，它在美国进口车市场的份额跌到了4%。现在的市场份额已恢复到6%，这要部分归功于新甲壳虫的推出。

这是一则典型的品牌延伸广告。企业所犯的最大错误，就是试图满足所有人的所有需求。

"这家伙"（the "Thing"）的越野车。大众在广告中说，"大众，总有一款适合你"，试图满足所有人的需求。

对大众汽车的这种战略，克劳塞维茨会如何评价呢？他在书上说："集中优势兵力，这是基本原则，必须作为首要目标，也必须尽可能地坚持下去。"这条战略思想恐怕是世界各地的军事院校中引用次数最多的，它值得重复引用。克劳塞维茨也是德国人，大众汽车的管理者应该读过德文原版《战争论》的智慧之言。由于大众汽车试图在同一个品牌名称下推出多种产品，这就造成产品线拉伸过长，而这造成的薄弱阵势将会非常危险。

接下来发生的情形大家都知道了，丰田、日产和本田等日本车突破了大众汽车的薄弱防线。大众曾一度占美国进口车市场67%的份额，那一年大众汽车的销售量比处于第二位的进口车品牌高出19倍，可目前大众在美国进口车市场的份额还不到7%。

大众公司兜了一圈后回到了原点，小型车让大众变大，而大型车又让它变小了。

大型产品的侧翼战

另一个侧翼战的例子是霍华德·海德（Howard Head）。他曾是海德滑雪器材公司的创始人，在卖掉这家公司后，他把目光投向了网球器材产品。

1976年，海德的王子制造公司（Prince Manufacturing）推出了特大号网球拍。尽管有人嘲笑这种大号球拍是"骗子"球拍，王子制造公司的新产品却在后来主导了优质球拍市场。到1984年，它已经占据了30%的市场份额，处于领先地位。

然而，对王子制造公司或者最近收购了它的齐兹布罗‒庞德（Chesebrough-Pond's）公司来说，这还不够好，于是又推出了中号网球拍系列，尺寸比最初的特大号球拍小了25%。

于是历史重演，王子制造公司因为大型产品而变大，如今随着小型产品的推出而变小了。

用一位网球用品店店主的话来说："他们迷失了自我，总是想满足所有顾客的需求。"

渠道侧翼战

渠道侧翼战是另一种有效的战略。开辟一条新的销售渠道，侧翼包抄防守牢固的对手。

手表曾经几乎只在珠宝店和百货商店销售，直到天美时（Timex）开始在药店销售，从侧翼包抄了既有品牌。雅芳（Avon）是第一家上门推销化妆品的公司，也从侧翼包抄了既有的分销渠道

渠道侧翼战是最有效的侧翼战方式。如今，L'eggs是美国排名第一的连裤袜品牌；戴尔是另外一个渠道侧翼战的成功案例。

[雅芳在沿着富勒刷子（Fuller Brush）等品牌开创出来的路前进]。

最令人惊叹的渠道侧翼战要数恒适公司（Hanes）了。在 20 世纪 70 年代初，恒适公司推出了 L'eggs，这是一种廉价的女士连裤袜，在食品店和药店的货架上销售，就像卖鸡蛋一样。L'eggs 采用了创新包装，还发动了强大的广告攻势，在 5 年内占据了整个连裤袜市场 13% 的份额。

特性侧翼战

任何行业中，顾客购买产品或服务有各种各样的理由，如果能聚焦于某一特性，企业反而容易凸显出来，取得成功。

典型的例子发生在牙膏行业。自从宝洁公司生产的佳洁士牙膏获得了美国牙医协会的认证并就此冲上第一位后，牙膏市场发生了巨大变化。在其之后，有一些牙膏品牌发动特性侧翼战获得了成长。

第一个品牌要数 20 世纪 70 年代初的利华公司（Lever）。在那个年代，大部分牙膏还只是一种"膏状物"，但利华公司认为，如果这种"膏状物"再清澈些，像漱口水一样，会使消费者的口气更清新，"清新口气"将会是个不错的特性定位。就在那时，利华公司研究发现，要想使产品有洁白牙齿的功效，就需要添加研磨剂。两位研究人员发现了二氧化硅，这种成分从未在牙膏中使用过，除了能洁齿，它还能使牙膏成为一种半透明的胶体，给人一种强烈的清新感。后来皓清（Close-up）牙膏问世了。它是一种透明的红色凝胶，突出"清新口气"特性，皓清很快便占据了牙膏市场的第三位。

有人曾认为，是研究人员在实验室偶然发现的凝胶配方令皓清成功，那是一种误解。皓清牙膏的透明红色凝胶中，结合了牙齿增白剂和漱口水特征，让牙膏呈现出清新外观，这是一种商业战略，研究人员发现的研磨剂只是刚好实现这一战略罢了。这里隐含着一种出色的战略思想：如果你知道你要找的是什么,在你看到它时就很容易挖掘出来。

利华公司的下一步行动也很了不起。它们决定在皓清牙膏中加入氟化物,目标客户群是容易长蛀牙的6～12岁儿童。但是,利华公司并没有像大众汽车那样做,它并没有进行品牌延伸,没有推出新的加入氟化物的皓清牙膏,而是推出了一个全新品牌——"爱慕"(Aim)。

关于牙膏的商战就在人的口腔中定输赢,孩子的喜好往往影响整个家庭对品牌的选择。孩子们通常喜欢甜的东西,于是爱慕牙膏定位在"口味好"特性上,它是一种含氟的凝胶,味道有点甜。就像皓清牙膏一样,它的销量也是直线上升。这两个品牌加在一起,占据了牙膏市场20%左右的份额。

一家叫作比彻(Beecham)的企业随后证明,要想打赢牙膏战,不止一种方法。在爱慕牙膏异军突起的几年后,比彻公司推出了"家护"(Aqua Fresh)牙膏,这是一种具有"双效"的牙膏,家护牙膏和其他牙膏的明显区别在于,它是白色膏体(防蛀)和蓝色凝胶(清新口气)的混合物,一挤出来就是两种颜色交织。

这种明显的外观区别,再加上双重功效的概念,使家护牙膏后来者居上,荣登牙膏市场的第三位,领先于爱慕牙膏和皓清牙膏。

利用与众不同的产品特性进行侧翼战,几

牙膏市场由高露洁和佳洁士这两大品牌主导,家护牙膏一直在这个竞争激烈的市场上表现坚挺,主要是因其视觉上的独特性。企业在任何时候,都要为品牌打造视觉上的独特性,就像劳力士手表的镶边、拉夫·劳伦(Ralph Lauren)衬衫上的马球运动员、科罗娜(Corona)啤酒上的一片柠檬、蒂芙尼珠宝的蓝色包装等。

乎适用于任何产品,是最为广泛的战略应用形式。以香皂为例,这是市场上最古老的产品之一,曾经应用过一系列的添加剂,最早是象牙(Ivory)香皂加入空气而能浮在水上。多年来,香皂的品种变得多种多样,有芳香型的 [如卡玫尔(Camay)香皂]、除味型的 [如黛而雅(Dial)香皂],还有保湿型的 [如多芬(Dove)香皂],最新特性的品种是"软皂"(Softsoap),即原始的液体皂。

软皂证明了首创的重要性,市场上曾经有 50 个液体皂品牌,如今大多数的跟随者都被淘汰了,而软皂仍占据市场第一位。

低热量侧翼战

在健康意识高涨的时代,斯托弗公司(Stouffer)推出了"瘦身餐"(Lean Cuisine),一款一次性包装的冷冻主菜,热量小于 300 卡路里。

现在人们都开始健身了,健身俱乐部如雨后春笋般兴起,难怪"瘦身餐"如此火爆。还不到一年,"瘦身餐"就占有了冷冻食品市场 10% 的份额。

斯托弗公司采用典型的军事风格:一次性大力出击,没有蹑手蹑脚地进入市场,也没有做大范围的市场测试。"瘦身餐"的广告规模非常宏大和大胆,在第一年,"瘦身餐"的广告费就占了所

Stouffer's Light

"瘦身餐"原来叫作"斯托弗清淡餐"(Stouffer's Light),但测试结果显示该名字很糟糕。尽管几乎所有成功的产品都有新名字(如红牛、星巴克、谷歌、亚马逊、eBay 和雷克萨斯等),但大多数企业在给新产品取名时仍顽固地采用品牌延伸策略。

有冷冻食品广告费的 1/3。

斯托弗公司还采用了典型的追击原则,持续大力推广"瘦身餐"。随着品牌的成长,它主导了这个市场,有效遏制了竞争对手。

侧翼战的成功要素

侧翼战不是那些胆小或谨慎的人能驾驭的。侧翼战是一场赌博,有可能大获全胜,也有可能惨败而归。此外,发动侧翼战需要有独到的眼光和先见之明。特大号网球拍的市场在哪里呢?王子制造公司在采取行动之前根本就没有这个品类的市场。

喜欢做市场调查的管理者常常发现,发动侧翼战非常困难,他们总是想用调查代替远见。他们会问:"先生,你会买特大号网球拍吗?"其实这个问题根本就不该问。潜在顾客根本就不知道如果将来他们的选择面有了巨大变化之后,可能会买什么商品。因此,优秀的侧翼战就是要极力影响顾客的选择面。

10 年前,如果有人问:"你会买一台 2000 美元的个人计算机吗?"多数人都说不会。今天,同样是这些人,抱着苹果和 IBM 的计算机走出电脑商城。

发动侧翼战的一方常常需要行业领导者"配合"才能成功。IBM 低估了个人计算机市场的潜

苹果公司成功地在低端市场对 IBM 发动了侧翼战,在 8 位个人计算机市场上称雄几十年。

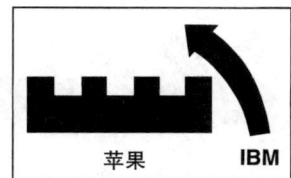

IBM 如法炮制,推出 16 位个人计算机,从高端市场侧翼攻击苹果的 8 位个人计算机。IBM 的这款产品可能是 20 世纪最重要的计算机产品,但因为选错名字(仍叫 IBM)而搞砸了,IBM 应该采用新的品牌名称。如果丰田汽车以"丰田至尊"而不是雷克萨斯进入高端市场,它还会这么成功吗?当然不会。

力,结果使苹果公司得以迅速发展起来。IBM 给了苹果公司一份礼物——4 年的时间。假如你想发动一次侧翼战,你需要多长时间呢?

想要对行业形势有所掌握,一种方法是翻阅行业刊物。领导者对未来的设想都是很公开的,假如他们公开反对某一产品的发展,你就可以拥有额外的时间了。在仿效你之前,他们首先得花时间战胜自己的傲慢。

另一个因素是投产的准备时间。通用汽车将小型车投入市场前花了几年的时间准备,这就使得大众汽车有了行动的时间。在汽车行业中,即使是常规的车型转换,从设计到生产也需要 3 年的时间。一个全新的车型,如小型车,需要的时间更长。第一辆大众汽车出现在新泽西海岸是在 1949 年,而直到 1959 年,通用汽车才推出了第一辆"科维尔"(Corvair)。同一时间,日本车加入了竞争行列,进口小型车的入侵达到了高潮。

防御方的将军知道,挫败敌人进攻的最佳地点是在海岸边,那时敌人正背对大海,刚刚登陆。商业中也是如此。对通用汽车和其他美国汽车来说,不幸的是,当它们开始对抗小型车时,进口车早已长驱直入,从海边打到了城镇中。

另一个经典的成功侧翼战是克莱斯勒的厢式旅行车。厢式旅行车对克莱斯勒来说实在是太重要了,以至于企业曾在广告中称自己是"厢式旅行车公司"。

MARKETING WARFARE

第 10 章
10

游 击 战

> 敌进我退,敌驻我扰,敌疲我打,敌退我追。
> ——毛泽东

> **坦克在伊拉克战场上损失惨重**
> 设计时未考虑伊位克叛军的攻击

这是2005年3月30日《今日美国》的头版头条。商场如战场，企业可通过游击战有效地和强悍的大企业竞争。

从中国到古巴，再到越南，历史事实证明了游击战的威力。在商业中，游击战也能拥有很多战术优势，使小企业在巨头统治的市场中生存发展。

当然，企业规模大小是相对而言的。美国最小的汽车公司（美国汽车）也比最大的剃须刀公司（吉列）大得多。然而，美国汽车公司应该采取游击战，而吉列应该采取防御战，竞争对手的规模比你自身的规模更重要。商战成功的关键在于，要针对竞争对手制定战略，而不是根据自己的情况制定战略。

游击战第一条原则

找到一块小得足以守得住的阵地。

这块阵地可以是地理意义上的"小"，也可以是体量上的"小"，还可以是其他方面上的"小"，总之是小得让那些大企业难以进攻。

游击战并没有改变战争中的兵力原则（大企业仍然能打败小企业），而是尽量缩小战场从而赢得相对兵力优势。换句话说，就是要成为小池塘里的大鱼。

地理范围是达成这一目的的传统做法。在每个城镇，常常会看到比西尔斯（Sears）还大的商场，比麦当劳还大的餐厅，比假日酒店还大的酒店。

当地的商家可以销售迎合本地需要的商品、食品或服务，这不是什么新概念，这些商家几乎是自然而然这样做的。

关键在于，游击战若想成功，就必须把上述战略思想应用在那些市场细分不像地理区域这样明了的情况下。以劳斯莱斯（Rolls-Royce）为例，它是汽车行业的高价游击队，它主导了售价超过10万美元的豪车市场，事实上，它已经完全占领了这个市场，没有企业想和劳斯莱斯进行较量，因为：第一，这块市场太小；第二，劳斯莱斯拥有巨大的优势，起码在竞争初期如此，兵力原则有利于劳斯莱斯。

有人听说过一家叫"计算机视觉"（Computervision）的计算机公司吗？在CAD（计算机辅助设计）工作站方面，它比IBM还强大。这就是典型的游击战，即把力量集中于能够抵御行业领导者的某一利基市场或细分市场。

在CAD领域，计算机视觉公司以21∶19的市场占有率领先于IBM。这一领先比例成为计算机视觉公司管理层的首要关注点，他们必须不惜一切代价保持领先。当一支游击队开始在它的根据地打败仗时，很快就会走下坡路。打游击战的企业最需要市场领导地位作为信任状，这比什么都重要，即使市场非常小。

在某种程度上，游击战看起来像侧翼战。例如，有人会认为劳斯莱斯就是以高价发动的侧翼战。但是，侧翼战和游击战之间有一个关键区别，侧翼战是在贴近领导者的位置刻意发动包抄，其目标是夺取或蚕食领导者的市场份额。梅赛德斯–奔驰向凯迪拉克发动了高价侧翼战，成功地从凯迪拉克那里夺走了大笔生意，使凯迪拉克不得不推出赛威来保护自己的地盘。

劳斯莱斯是一个真正的游击队。尽管从其所售产品来看，劳斯莱斯也可能从别的汽车企业夺走生意，但其战略意图并非要瓦解汽车行业竞争对手的地位。劳斯莱斯的经销商除了从其他汽车经销商抢生意，同样可能从

webvan

freshdirect

生鲜直达（FreshDirect）成功的商业模式（网上杂货零售），曾经用在 Webvan 公司时是失败的。原因在于，Webvan 针对超市行业发动了全国范围的进攻战，而生鲜直达则采用游击战，精心选择自己的市场。例如，纽约市就是生鲜直达的最佳市场，因为那里的超市实力薄弱，几乎没有停车空间，而且消费者在大都市生活节奏快，时间有限。生鲜直达的口号是：新鲜食物，宠爱顾客（Our food is fresh, our customers are spoiled）。

债券销售机构或珠宝行那里抢生意。

游击企业应该把眼光放在多小规模的市场上呢？这里需要判断力，设法找到一块细分市场，小得足以让你成为领导者。然而，人们总是倾向于反着干，即夺取尽可能大的市场。

你很少听说哪家企业因为专注于很小的市场而破产，相反常常可以听到，有的企业因为过度扩张而解体。这些企业在太大的地理范围上、在太多的市场中推出了太多的产品。

打游击战的企业很容易受到诱惑，进而把游击战转为侧翼战。换句话说，就是试图进一步贴近行业领导者，通过削弱领导者的地位来提高自己的市场份额。例如，劳斯莱斯为什么不推出便宜一点的汽车，以便从凯迪拉克、奔驰和宝马那里抢生意？

关键在于资源。游击企业是否有足够的资源（资金和团队）承受不断升级的竞争呢？有时有，但通常没有。为了支撑更大规模的组织，游击企业必须以放弃根据地转入公开作战为代价。

游击队为何不能两者兼得呢？即在保持游击队定位的同时发动侧翼战？劳斯莱斯为何不能在销售 15 万美元汽车的同时推出售价 5 万美元的汽车？

这种思维叫作"品牌延伸陷阱"。一个品牌无法支撑两个不同的概念，低价劳斯莱斯会削弱

第 10 章 游 击 战

高价产品的声誉。而且,低价劳斯莱斯通常也不好卖,因为谁想买一辆廉价的劳斯莱斯呢(无法体现尊贵)?

早在 20 世纪 30 年代,帕卡德公司(Packard)推出了帕卡德快马(Packard Clipper)轿车,即高价车的低价版。结果,低价车卖出去了,而高价车却卖不动了。快马轿车是帕卡德在汽车史上销声匿迹的主要原因。

这仍然是兵力原则问题。从本质上来说,游击企业起步时资源有限,为了生存,游击企业必须坚定地抵制住分散兵力的诱惑,否则会自取灭亡。

20 世纪 20 年代末,帕卡德是美国销量最大的豪华轿车,其销量超过了凯迪拉克、皮尔斯-箭头(Pierce-Arrow)和皮尔里斯(Peerless)。然而,20 世纪 30 年代初大萧条爆发时,它该怎么做?帕卡德所做的就是推出了便宜的 120 车型和更为低价的 110 车型,1941 年又推出"快马"(请注意快马广告中对低价的强调)。然而,我们的观点得到了印证。帕卡德如果能在大萧条时期保持原有的豪华车定位,可能会一直存活至今。

游击战第二条原则

无论多么成功,都不能像领导者那样行动。

游击企业开始为其董事长配备第一辆凯迪拉克之时,也就是企业开始衰败之时。

在越南战争中,假如美国能说服越南把它们的军官派到西点军校学习一下美国的作战方法,美国就能在战争中获胜。

多数进行游击战的企业都很幸运,它们的管理者没有在哈佛商学院深造过,没有办法照搬通用汽车、通用电气和通用动力公司的作战方法。

这并不是说全球商学院造就不出优秀的领导人才,它们确实能为大企业培养出优秀的企业高

越南战争时期，每 7 个美军士兵中只有 1 个投入到前线，剩下的 6 个都担当着后方供给和服务的职能。这种比例在大企业中也差不多，只有很小比例的员工在一线为顾客提供服务。

管，因为大企业的案例正是这些学院课程的核心部分。然而，游击战的战略战术与《财富》500强企业的战略战术恰恰相反。游击战要想成功，需要不同的组织架构和时间表。

美军去越南打仗时，带去了无数的厨师、面包师、办事员、司机和牧师，还有公共关系官员。越南军队中却没有这些人员，实际上，每个越南士兵都有一把对付美军的枪。美军大部分士兵都在搞后勤，承担管理职责，为作战士兵提供给养服务（在一场恶战后有人给他们做一顿热腾腾的饭）。1968 年，美军在越南拥有 54.3 万人的部队，其中只有 8 万人是作战人员，其余都是后勤人员。

看一下大企业的组织架构。典型的情况是：一半以上员工的工作都是为其他员工提供服务，而只有少部分被指派到企业外，同真正的竞争对手交锋。有些员工工作多年，却从没有接待过一个顾客，也没有见过竞争对手的销售人员，这些人就是美国大企业中的"厨师和面包师"。

游击企业应该利用大企业的这一弱点，在最前线投入尽可能多的人员，还应该抵制住诱惑，不去制定流于形式的组织架构、工作说明、KPI 考核、职位晋升体系和其他配备。原则上，游击企业应该尽可能地把全部人员投入前线，不留任何非战斗人员。

这种精简的组织架构，不只是一种把更多兵

力投入前线的战术，还能极大提高游击队行动的速度，使之更快地响应市场变化。那些想建立稳固游击地位的企业必须保持"灵敏快捷"，利用规模小的特点，迅速做出决策。同大企业竞争时，这就是一种宝贵的财富，因为同样做出一个决策，游击企业需要花费6周，而大企业则需要6个月。

游击战第三条原则

随时准备撤退，游击队只要活下来就可以再战斗。

假如战局对你不利，不要犹豫，赶快放弃你的阵地或产品，游击队没有那么多的财力和人力浪费在败局已定的战斗中。你应该尽快放弃残局，改道前进。这一原则是直接从切·格瓦拉⊖（Che Guevara）的《游击战》中引来的。

游击企业紧凑灵活的组织架构这时发挥出了优势，当开拓新的阵地时，它不会像大企业那样经历内部调整的痛苦和压力。头衔少、服务性员工少也是一大优势。假如某人是拉丁美洲的执行副总裁，而企业试图放弃拉美市场，此人定会竭

MCI通信公司初创时是个游击企业，它向市场领导者AT&T发动攻击后获得巨大成功，其中包括名为"朋友和家人"（friends & family）的方案。然而，随着时间的推移，MCI变得越来越自大，从而迷失了战略方向，特别是MCI与世通公司的合并就是一场灾难。

⊖ 切·格瓦拉（1928—1967），生于阿根廷的古巴革命领袖，善于游击战。在古巴革命（1956~1959年）中是菲德尔·卡斯特罗的主要将领，后成为工业部长（1961~1965年）。在拉丁美洲其他革命中表现活跃，后被玻利维亚军队俘获后杀害。《游击战》是其代表作之一。——译者序

尽全力捍卫地盘。大企业里的任何变动都会产生众多的内部纷争，而小企业不必经历这些就能做出改变。

撤退的反面是挺进。看到机会后，游击企业应该运用其灵活性迅速打入市场。在小企业里，某个人基于直觉就足以推出一款新产品；在大企业里，同样的创意会被滞留、埋没在公司决策委员会长达数月。

鞋类进口商罗伯特·格姆（Robert Gamm）在慢跑或打网球时，发现零钱和钥匙总是没处放。这种不便使格姆先生产生了灵感，他发明了"袋鼠"（KangaRoos）运动鞋，这种鞋的侧面有个带拉链的袋子。这种运动鞋的销售额迅速攀升到每年 7500 万美元。

有时，游击企业可以挺进市场，接手大品牌由于种种原因而放弃的阵地。游击企业通常行动迅速，能够填补这种市场空缺。

纳利公司（Nalley）发现卡夫公司（Kraft）开始放弃人造蛋黄酱市场时，它在 9 天的时间里就推出了类似产品。位于肯塔基州路易斯维尔市的国际橡胶公司（International Rubber）当初是个小企业，它通过与优质轮胎经销商合作，打开了销售渠道，现在生产市场上价格最贵的子午线轮胎。这些经销商在米其林公司放弃其每镇一店的特许经销体系后曾愤愤不平。

区域游击战

游击企业可以在本地攻击几乎任何全国性销售的产品或服务，这是一种典型的游击战术。

《商业周刊》《财富》和《福布斯》都是美国知名的商业刊物，要想再推出另一种全国性的商业刊物，非常困难且成本高昂，即使投入上千万美元的资金，成功的把握也很小。

然而，各个城市的商业刊物却在蓬勃发展。1979 年，地区性商业刊物协会成立之时只有 19 家成员刊物，5 年后达到了 88 家。

迈克尔 K. 罗素（Michael K. Russell）是美国城市商业报刊有限公司的总裁，现拥有 8 份报纸，他说发行一份周报只需 75 万美元。

《克瑞恩芝加哥商业周刊》(Crain's Chicago Business) 是个典型的游击战成功例子。这份周刊于 1978 年由克瑞恩传媒公司（Crain Communications）开始发行，只花了 3 年的时间就打入了黑人阶层。目前，《克瑞恩芝加哥商业周刊》已有 4 万名付费订户，有着令人赞叹的 75% 的续订率，据说其税前利润率高达 25%～30%。

比起《商业周刊》80 万份的发行量，《克瑞恩芝加哥商业周刊》的 4 万份发行量听起来好像不算什么，但是《商业周刊》在芝加哥市区只有 3.6 万名订户。因此，至少在芝加哥，克瑞恩击败了《商业周刊》。游击企业没有改变商战中的兵力法则，而是尽量缩小战场从而赢得兵力优势。

几乎任何行业都展现过游击战的经营理念。比如银行业，几乎每个州或每个城市都有一些小银行，它们必须学习怎样同大银行竞争。在纽约市，一些像大通曼哈顿银行（Chase Manhattan）和花旗银行（Citibank）这样的大银行主导了金融领域，但一些小银行通过选择地域，也打了些漂亮的游击战。它们获胜的关键在于强调本地

《克瑞恩芝加哥商业周刊》拥有 5 万多订阅者，公司在纽约、克里夫兰、底特律、墨西哥城和蒙特雷推出了类似的城市商业刊物。

正如我们的预测,人民捷运航空公司已经不复存在。除了迅速扩张航线和班次,创始人唐纳德·伯尔(Donald Burr)还购入了多架波音747,并开启了往返伦敦的航线。1985年,他以3亿美元购买了边疆航空公司。随后,他试图改变战略,从只提供基本服务的航空公司转到提供全方位服务的航空公司。1987年,人民捷运濒临破产,后来被得克萨斯航空公司收购。对比一下西南航空和人民捷运,自1971年首航以来,西南航空就没有改变过提供基本航空服务的战略,如今西南航空已是美国最成功的航空公司,其市值比美国其他五大航空公司之和还要高。

化运作,并且从名字开始。例如,泽西联合银行(United Jersey)和长岛信托银行(Long Island Trust)。

航空业也出现了一些游击战,有些企业成功了,但更多的企业因试图扩大业务版图而失败,佛罗里达航空公司(Air Florida)和中途航空公司(Midway)就是最近的两个例子。人民捷运公司(PEOPLExpress)以低价位发动游击战,后来却购进了更多的飞机,开设了更多的航线。它们以牺牲最初赖以成功的灵活性为代价,从游击战转入了侧翼战。由于人民捷运公司没有资源与美国航空公司、联合航空公司和达美航空公司抗衡,它终将走向坠落。

顾客群游击战

另一种典型的游击战是针对某类特定人群,比如以年龄、收入、职业等划分的顾客群。

《有限公司》(Inc.)代表了这种顾客群游击战。《有限公司》是第一份面向小企业主的全国性杂志,自1979年发行以来取得了巨大成功。在发行的第一年里,《有限公司》杂志登载了648页的广告,广告收入近600万美元,是杂志史上创刊年最成功的企业。

《有限公司》的成功要归功于其创始人伯纳德

A. 戈德赫什（Bernard A. Goldhirsh）精明的眼光。他意识到，全国性的商业刊物并不像表面看起来那么强大，《商业周刊》其实应该叫作《大企业周刊》，其发行量不到100万份，只覆盖了美国500万家企业中的一小部分。《有限公司》是第一家进军前人未探索过的面向小企业的刊物。

有些游击企业把区域和顾客群战略结合在一起，《林荫道》（Avenue）杂志就是一个取得营销巨大成功的例子，它只面向曼哈顿地区的高收入阶层。

行业游击战

另一个典型的游击战是专注于某一特定行业。在计算机行业，这种战略也被称为"垂直营销"。

有些计算机企业选择了某一专业领域，如广告业、银行业或商业印刷，然后设计一整套计算机系统，只为解决该行业凸显的问题。有时这些系统不仅包括特制的硬件，也包括特制的软件。

位于加利福尼亚州森尼韦尔市的特奥德系统公司（Triod Systems）设计了一种计算机系统，专为汽车零部件批发商解决复杂的库存问题（一个典型的批发商通常存有2万个汽车零部件，依靠卖方信贷为库存提供资金）。特奥德系统公司如今已经上市，年收入超过1亿美元，这对游击企业来说算是项大业务了。

行业游击战成功的关键是窄且深，绝不能宽且浅。发动行业游击战的企业，倘若将其系统调配到其他行业，必定会面临众多麻烦。

产品游击战

许多游击企业专注于单一独特产品的小规模市场上，以此盈利。这样，它们的销售额不会大到吸引大企业加入该市场。

在过去10年里，美国汽车公司每年销售10余万辆吉普车，而在同一时期，通用汽车的雪佛兰每年销售量相当于吉普车的18倍。这样一来，通用汽车就没有理由推出类似吉普车的车型了，因为即使推出，每年也就可能增加3万或4万辆的销量。

不幸的是，美国汽车公司的军事思维还不过硬，它把在吉普车上赚的钱都浪费在了与雪佛兰相抗衡的联盟（Alliance）和重奏（Encore）等车型上了。美国汽车公司最成功的乘用车是"鹰"牌（Eagle）乘用车，这种汽车是在吉普车的类似四驱传动系统上装上轿车车身。换句话说，这款车型有效利用了吉普车的定位。

用单一独特产品发动游击战的另一个例子是天腾计算机公司（Tandem Computer），天腾主要生产容错型计算机，用于联机交易处理，并将其称为"不停止"（Non-Stop）系统，配有两个处理器，如果其中一个出现故障，可以由另一个继续运行。

天腾计算机公司一直业绩良好，直到1997年被康柏以30亿美元收购。1996年天腾计算机公司创造了19亿美元的营收。

高端游击战

如今社会富足，高端市场上有很多游击企业，如施坦威钢琴（Steinway）、君皇手表（Concord）、美膳雅食品加工器（Cuisinart）等。标价250美元的美膳雅食品加工器是个典型的高价商品，它创造了巨大的销量。比起大品牌的同类产品，如通用电气、阳光（Sunbeam）和伟林（Waring），美膳雅的价格高出4倍，然而它的附加性能和小配件证明其物有所值。

即使是像手机这样普通的产品也可以成为高端游击战的目标。摩托罗拉出品的Razr V3手机售价为450美元，此款超薄手机自2004年上市以来，已经售出超过100万台。

许多潜在的高端游击企业总是犹豫，不知该不该以高价打入市场。它们担心推出的品牌没有神奇之处，不足以支撑昂贵的价格。于是它们做出了妥协，以稍低的价格推出了产品，有时还削减品质和功能来达到这一目标。结果，新产品根本无法创造神奇性，也就无法达到企业预想的销售结果。

人们常混淆其中的因果关系，神奇性并不是创造高需求量和高销量的原因。高品质和高价位才会产生这种神奇效果，从而引发需求。

高价位能在渠道中创造关注度，顾客会说："看，它们的产品怎么卖得那么贵？"他们接着会问为什么。当然，这就给商家创造了一个机会，告诉顾客产品有什么特点，从而为高价格提供理由。

但是，你得是"第一个"行动的。除非你拥有无限资源，否则你必须是第一个占领高端阵地的。然而，游击企业都没有无限资源，所以美膳雅的成功在于它是第一家在食品加工器品类上售价超过250美元的品牌。

有谁愿意花 3 美元喝一杯咖啡？数以百万计的美国人愿意。愿意购买优质产品的顾客群在任何细分市场都是存在的。

要想成为高端游击企业，必须有信心和勇气，要对新产品的未来充满信心，有勇气以不知名的品牌推出产品。

潜在的高端游击企业常常想在品牌名上进行妥协，它们觉得既然打算卖高价，用知名品牌才安全可靠。显然这又落入了"品牌延伸陷阱"，这只会成为企业成功路上绊脚石。一个品牌名无法支撑两套不同的战略。

高端市场机会无穷，然而真正的机会不是 10 万美元的跑车和 1 万美元的手表，而是蕴藏于高档日用品。

谁能买得起法拉利？没多少人。但是，谁买得起 5 美元一磅[⊖]的盐（是平常价格的 20 倍）？几乎谁都能买得起。其中的诀窍并非给盐定价 5 美元，而是要给产品加入某些特色，使其物有所值（这就是奥威尔·雷登贝克高价爆米花的成功之道）。

建立联盟

在许多行业，建立联盟是一个常见的战略，特别是在一些行业，主要竞争者是由许多地方性的游击企业组成的。特许经营就是一个典型的模式，它以统一的品牌名建立起一个全国连锁网络，

⊖ 1 磅 =0.4535 千克。

但是所有权和控制权属于地方。这种战略可以有两种方式：自上而下和自下而上。

自上而下的方式是，先制订出整个方案，然后提供给各地的加盟商进行经营，麦当劳、必胜客、假日旅馆和可口可乐就是典型的例子。换言之，你有一个构思，然后招募一批游击队来实现你的计划。

自下而上的方式则更具创新性，这种方式之所以能取得巨大的成功，因为它起步时需要的资源很少。21世纪房地产公司（Century 21）就是一个典型的例子，该集团招纳现有的房地产中介公司加入其全国性网络以分享信息。这是个很好的构思，因为售房和购房常常都涉及从一家房地产中介的辖区跨入另一家中介的辖区。

立鼎世酒店集团（Leading Hotels of the World）是由195家豪华酒店自发组成的酒店集团，也是自下而上组织方式的另一个成功例子。还有，由北美582家汽车旅馆组成的品质酒店（Quality Inns）集团也是如此。

在建立联盟时，你要问自己一个关键问题："竞争对手是谁？"有时对手是你的近邻，有时不是。假如隔街相望的两家汽车旅馆是劲敌，其中一家旅馆就有充足的理由加入像品质酒店这样的连锁旅店。还有一种情况，假如两家旅馆都位于加勒比海的一个岛上，真正的竞争对手是来自几

立鼎世酒店集团一直处于不断发展之中，如今全球已有420家酒店加入该集团成为其会员。

百里之遥的另一个岛屿,那么这两家旅馆就应该联手推广自己所在岛屿相比竞争对手所在岛屿的价值,而不应该自相残杀。

这方面的商业联盟越来越多,说明企业在界定真正的竞争对手方面变得越来越有经验。懂得商战的原则并非一定要让各个企业之间日趋敌对,有时正好相反。我们希望见到更多的合作模式是联盟,如产品联盟、区域联盟和顾客群联盟等。

兵力原则将会促使各个游击队联合起来,进行自保,再图发展。

游击战无处不在

美国的500万家企业中,大多数都应该采用游击战。大企业可能占据新闻版面,小企业则占领阵地。

以美国食品业为例,大企业寥寥无几,如卡夫、亨氏和好时。然而,卡夫只是660家奶酪企业中的一家,亨氏是380家袋装泡菜企业中的一家,而除了好时之外,还有864家糖果企业。

大多数企业都应该采取游击战。一般来说,在每100家企业里,只有1家应该打防御战,2家打进攻战,3家打侧翼战,剩下的94家都应打游击战。

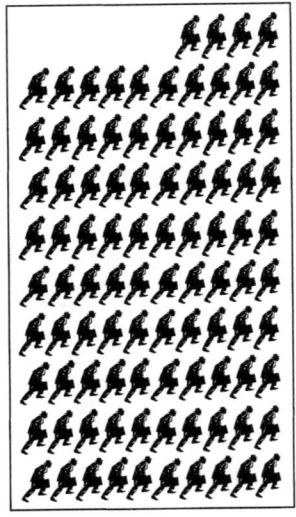

显然,上百万家美国企业都应当开展游击战。平均起来,每100家企业中有94家企业应该采取游击战。游击队也能长期保持成功,只有当它试图像大企业那样行动时,才会引发灾难。

总的原则是,每100家企业里,只有1家应该打防御战,2家打进攻战,3家打侧翼战。

MARKETING WARFARE

第 11 章

可 乐 战

> 历史案例给实证科学提供了最好的证明,尤其适用于战争艺术。
> ——卡尔·冯·克劳塞维茨

在几乎所有行业和品类中,"战争"一词已经普遍成为对商业竞争的一种比喻,包括可乐行业在内。

要想正确解读战争,就必须研究历史,克劳塞维茨和其他军事学家都反复阐述过这一观点。但是,企业家却很少花时间研究商业史,他们总是忙着应对眼前的事情,只想着让他们的产品跟上最新潮流。

此外,商业史的研究也常把重点放在"发生了什么",而不是"为什么会发生"。在商业竞争缺少系统理论的时代,也许这样已经算是做到最好了。

检验商战原则的方法之一,是观察某一行业的历史,然后对照这些原则分析其中的竞争行为。我们已经对4个不同的行业进行了分析。本章分析的是可乐之战,探讨位于亚特兰大的可口可乐公司和位于纽约普彻斯的百事可乐公司之间历时几十载的激烈战斗。

可卡因和咖啡因

可口可乐(Coca-Cola)是有着百年历史的软饮料,然而它早期并不是一款软饮料。它是由一位叫作约翰 S. 彭伯顿(John S. Pemberton)的人发明的,此人是一位药剂师,同时也曾经是美国南部邦联的一位官员。可口可乐推出之时,是一种带有异域色彩的专利药品,它的成分包含古柯叶中提炼出来的可卡因,还有可乐果中的咖啡因。

玻利维亚的印第安人非常喜欢在工作时咀嚼古柯叶，因此一位叫米切尔的医生发明了可口波乐（Coca-Bola），它成了可口可乐早期的竞争对手。

在西非当地人中，咀嚼可乐果也产生了同样的效果。一些禁食可乐果的派别称其为"地狱之果"。

可口可乐早期的一则广告。

可口可乐最初是作为一种药品，它在早期的广告中称，"除了可以治疗神经性疾病、偏头痛、神经痛、癔症和忧郁症，还是一种美味、清爽、提神、令人精力充沛的饮料"。

20 世纪初，可口可乐的财路大开。1902 年，可口可乐公司的广告预算已高达 12 万美元，成为美国知名度最高的品牌。1903 年，公司把配方改为使用"脱除可卡因"的古柯叶提取物，去掉了可口可乐中的可卡因（70 年后可口可乐才去除了咖啡因）。

由于广告的强大攻势和禁酒运动的盛行，可口可乐公司发展迅速。到 1907 年，原来的南部邦联 994 个县里，有 825 个颁布了禁酒令。可口可乐公司打出的广告是："全国著名无酒精饮料。"北部的评论人士说，可口可乐是"南部圣水"。

1915 年，一位来自印第安纳州特雷霍特市的设计师设计出一种容量为 6.5 盎司⊖的新包装瓶，赋予了可口可乐独特性。随后的多年里，可口可

⊖ 1 盎司 =0.0283 千克。

像可口可乐这样的领导品牌,在早期应该聚焦于增加品类的消费量上,正如可口可乐在1929年第一次使用的"享受清凉一刻"(The pause that refreshes)的口号。如今,可乐的消费量趋于平稳甚至下滑,可口可乐公司无法改变这一点。因此,领导品牌就要转用"正宗货"这样的竞争性口号(软饮料人均消费量从1998年开始下滑)。

乐生产出了60亿只这样的绿色瓶子。

新瓶的设计非常及时,因为可口可乐的效仿者在全国各地出现。仅1916年一年,就有153家仿冒产品被法院查封,包括菲格可乐(Fig Cola)、可迪可乐(Candy Cola)、可得可乐(Cold Cola)、可奥可乐(Cay-Ola)、纳乐可乐(Koca Nola)等。

在整个20世纪20年代,可口可乐根本没有真正的竞争对手。可口可乐公司面对的唯一问题是扩大软饮料的消费量。1919年,其消费量为人均2.4加仑⊖,之后缓慢增长到了1929年的3.3加仑(20世纪80年代中期,这个数字是40加仑)。

可口可乐的广告也力求刺激消费,比如"口渴不分季节"(1922年),还有"享受清凉一刻"(1929年)等都是很好的例子。

5分钱,双倍量

20世纪30年代的经济萧条使可口可乐的竞争对手,特别是百事可乐(Pepsi-Cola)和皇冠可乐(Royal Crown)得以脱颖而出。

原因在于,花同样的钱,百事可乐每瓶容量为12盎司,而可口可乐只有6.5盎司。

百事可乐在1934年就想到这一策略,但直到1939年沃尔特·麦克(Walter Mack)上任后才付

⊖ 1加仑=3.785升。

诸行动。

百事可乐在广播电台做了广告，广告模仿了一首传统的英国狩猎歌曲《约翰·皮尔》：

"百事可乐真过瘾，

12 盎司，量真大。

5 分钱，双倍量，

百事可乐，您的选择。"

这个出色的战略执行别出心裁，正中目标，特别对青少年而言。对于糖果和可乐，孩子们只求数量，不求质量。而且，百事可乐还是在广告预算有限的情况下推出该战略的。在 1939 年，可口可乐在广告上花费了 1500 万美元，而百事可乐只用了 60 万美元。

即使这样也已经使可口可乐压力重重。它们不能增加饮料容量，除非它们愿意把现有的 10 亿只 6.5 盎司瓶子废弃；它们也不能降价，因为市场上还有几十万个 5 美分硬币专用的饮料贩卖机。

百事可乐最初是以低价位打了一场典型的侧翼战。随着战略的大获成功，百事可乐逐渐强大起来，从而演变成对可口可乐核心优势的正面进攻战。

这自然符合了进攻战第二条原则：找到领导者强势中的弱点进行出击。

可口可乐公司亚特兰大总部认为，可口可乐独特的包装瓶是它最大的优势。当时，6.5 盎

可口可乐找到了妙招，在保留其 6.5 盎司"弧形瓶"形象的基础上，推出了 12 盎司的罐装可乐。可口可乐公司把原来 6.5 盎司的瓶子图案印在 12 盎司的易拉罐上，关联了在顾客心智中建立的认知。

司包装瓶出现在可口可乐的每一条广告中,可口可乐公司甚至还为其注册了商标。雷蒙德·洛伊⊖(Raymond Loewy)称其为"设计最为完美的包装"。

然而,百事可乐的攻势把可口可乐的这一优势变成了弱点——可口可乐这种便于手握的设计完美的 6.5 盎司包装瓶,无法放大到 12 盎司,除非你有双特别大的手可以握住它。

第二次世界大战期间,百事可乐通过低价侧翼战的成功,超过了皇冠可乐(Royal Crown)和胡椒博士可乐(Dr.Pepper),成为可口可乐之后的第二大可乐品牌。

可口可乐本该采取的战略

防御战第二条原则:最佳的防御就是有勇气自我攻击。

可口可乐应该在百事可乐进攻前推出第二品牌来攻击自我。对抗百事可乐的低价战略,可口可乐推出低价第二品牌的最佳时间应该是在 20 世纪 30 年代经济萧条初期 [现在市场上的"双倍可乐"(Double Cola),是个相当不错的名字,可口可乐当时可以用这个名字作为第二品牌]。

理论层面来看,可口可乐的防御战和吉列公

领导品牌封杀竞争对手时决不能犹豫,要及时推出第二品牌进行自我攻击。"双倍可乐"是个很好的概念,本可以成为可口可乐推出的第二品牌,以阻止百事可乐的崛起。

⊖ 雷蒙德·洛伊(1893—1986),法裔美籍工业设计家。——译者注

司推出"特拉克Ⅱ"的战略没什么不同,而且很可能达到同样的战略效果(如今,吉列在剃须刀市场的份额要比可口可乐在可乐市场的份额高)。

第二次世界大战后不久,似乎可口可乐开始走运了,因为经济形势对百事可乐不利。随着糖价和劳动力成本的上涨,百事可乐的价格也随之上升,一开始涨到了6美分,后来又涨到了7美分。百事的广告词也从"5分钱,双倍量"变成了"双倍量,更好喝"。

随后,百事可乐把重心从自动贩卖机和现调机的公众消费,转移到了家庭个人消费上,推出了更大的包装瓶。随着百事可乐把销售重心放到超市,它的广告主题改成了"大家分享"。百事的努力得到了回报。

20世纪50年代,可口可乐以5:1的优势领先于百事可乐。到了60年代,百事可乐把差距缩小了一半。

可口可乐能够忍受百事可乐更大容量包装瓶的战略多久呢?分水岭是在1954年,那年可口可乐的销售额已经下降了3%,而百事可乐上升了12%。1955年,可口可乐发动了奇袭,推出了容量分别为10、12和26盎司的包装瓶。随着存货慢慢售完,6.5盎司的可口可乐逐渐成为历史。

在战略层面,可口可乐始终不得要领。为了对抗百事可乐,可口可乐每年都更换广告词。1956年的广告词是"可口可乐,质量好,口味佳";1957年为"美味的标志";1958年为"可口可乐,口味清凉爽口";1959年为"绝对清爽"。这些广告词的变化完全揭示了可口可乐公司思维的混乱。

百事一代

更大容量是第一步,百事一代则是第二步,百事可乐的这两步对可口可乐构成了巨大的冲击。

在领导者的强势中找到弱点是进攻战原则的关键。可口可乐的强势是什么？可口可乐的真正强势在于，它是第一款可乐饮料，在市场上的历史比百事可乐长得多。这种正宗性很显然是可口可乐的强势，不过这同时还产生了另一种不太明显的现象。

年长的人更愿意喝可口可乐，年轻人更喜欢百事可乐，而且大容量更能获得年轻人的喜好。哪个成年人能像青少年那样大口痛饮一瓶12盎司的饮料呢？

这激发了百事可乐的新战略。1961年，百事第一次在广告中表述这个战略："现在，感觉年轻的人就喝百事可乐"。到1964年，广告词有了飞跃，那就是经典的"来吧，加入百事一代"。

百事可乐新战略的目标，就是把竞争对手重新定位成"落伍、脱节、过时"的可乐。百事可乐不仅做到了这一点，还在消费者心理上产生了优势。

百事可乐利用了目标客群中兄弟姐妹之间的年龄层次打心理战。可口可乐的消费群体比百事可乐多，所以年长的哥哥姐姐很有可能喝可口可乐，而年纪小的弟弟妹妹们出于叛逆心理，会选择百事可乐。百事可乐的这个战略巧妙地利用了年龄阶梯的差异。可口可乐的老龄消费群体日渐缩小，而百事可乐的低龄消费群体正在诞生且日渐壮大。

百事可乐还有一个明智之举，它运用了音

"新一代的选择"（The choice of a new generation）充分展现了百事可乐多年来围绕年轻人展开的战略（也许称为"百事一代"会更好），这是商战史上最成功的战略之一。市场排名第二的品牌必须和领导品牌在战略上针锋相对。本质上，百事可乐是在告诉年轻人，"你不想喝父辈们喜欢的可乐，你是百事一代"。

乐。音乐是年轻一代表现他们叛逆性的一种传统方式，而百事可乐就把音乐作为战略的一个主要部分。百事可乐高酬启用迈克尔·杰克逊和莱昂纳尔·里奇为其代言。青少年在电视上看到莱昂纳尔·里奇的广告，大呼"哇"，而大人们看到后却很茫然："这人是谁呀？"

如今，百事可乐的标语换成了"新一代的选择"，这是它"年轻人"战略的另一种表达，而且是用来攻击"老一代"可口可乐的关键点。

当然，就像许多企业一样，百事可乐总是偏离它的战略。在过去的20年里，百事可乐只有1/3的时间采用"新一代"战略，另外2/3的时间却在发动其他战略。例如，1967年的广告标语是"品尝一下与众不同的百事可乐吧"，1969年的"你从生活中获取，百事从奉献中获取"，还有1983年语气平和的"现在，喝百事可乐"。

对于消费品而言，广告是品牌最重要的战略武器，每年变换战略方向是一个错误。除非你需要转换战略形式，否则绝不应该改变战略方向。当然，在战术层面，广告的用词、画面和音乐都可以按需要不断更换，但是战略绝对不能更换。

即使如此，百事可乐的整体战略效果，确实不断在削弱可口可乐的领导者地位。可口可乐和百事可乐的销售额比例从1960年的2.5∶1变为1985年的1.15∶1。

可口可乐的反攻

可口可乐没有推出大容量包装的第二品牌，丧失了阻击百事可乐的机会。其实，"5分钱，双倍量"的战略使百事可乐获得成功，用在可口可乐身上同样奏效。

百事可乐在销售的是"百事可乐"品牌，而可口可乐的销售重点却是

可口可乐公司1970年使用的"正宗货"是有史以来最有效的广告语之一,这一广告语随后被断断续续地使用着。

当媒体选中你的广告主题时,你就知道你的广告上了正轨。无论何时,当报纸或杂志编辑有机会这么做时,他们总使用"正宗货"来指代可口可乐。最近有一本关于可口可乐的书,如你所料,其书名就是《正宗货》(*The Real Thing*)。那为什么可口可乐自己不在广告中说自己是"正宗货"呢?有人觉得,这样一来就没创意、没新意了。

可乐品类。"享受清爽一刻"就是个典型的例子,"喝可口可乐,心旷神怡,万事胜意"也是一个例子。

到1970年,可口可乐终于找到了作为领导者的最佳防御战略,即它拥有的领导地位本身——强调"正宗货"概念。可口可乐这一广告词暗示着,其他的可乐饮料都是仿冒品。这很符合事实,其他可乐确实都是模仿可口可乐的。

同时,"正宗货"战略还启动了可口可乐秘密配方"商品7X"的公关效应。从彭伯顿医生的时代起,看过"商品7X"配方的人屈指可数,这类公关话题极大激发了可口可乐消费者的想象力。

然而,"正宗货"广告持续的时间并不长,到1975年,可口可乐广告语变成了"看啊!美国";1976年,"可口可乐为生活添姿加彩";1979年,"喝可口可乐,喝出好心情";到了1982年,可口可乐的广告语已经乏味到极点:"就是它,可口可乐。"

尽管可口可乐多年前就抛弃了"正宗货"的广告语,但无法消除人们头脑中的印象。你可以试着问问人们什么是"正宗货",多数人都会告诉你是可口可乐。你再问问他们:"'它'是什么?"看有几个人能说出"就是它,可口可乐"。

皇冠可乐：太小，太晚了

皇冠可乐是排名第三的可乐饮料。1969年，皇冠可乐想在可乐行业重新发力，于是雇用了当时很热门的韦尔斯、里奇、格林等广告公司，发动了大规模的广告攻势。

玛丽·韦尔斯（Mary Wells）说："我们要全力出击，剿灭可口可乐和百事可乐。我希望你们能谅解我的措辞，因为我们确实想掐住敌人的咽喉。"

别提皇冠可乐的广告了，那无足轻重。与可口可乐和百事可乐正面交锋，皇冠可乐毫无获胜的希望。当时，仅百事可乐的销量就是皇冠可乐的4倍，到了20世纪80年代中期已变成10倍。

皇冠可乐的鼎盛时期是在20世纪30年代，那时它的销量超过了百事可乐，正是皇冠可乐出击的最佳时机。而到了1969年，皇冠可乐规模太小了，时机太晚了。皇冠可乐在可乐市场的份额逐年下降。

位列市场第三而远远落后的品牌能做些什么呢？答案就是改变它的作战形式和品牌战略。皇冠可乐的理性选择是打一场游击战，而游击战的第一条原则就是：找到一块小得足以守得住的阵地。

皇冠可乐可以在某个地方发动地理游击战，特别是南方，因为皇冠可乐在南方最强势。如果

皇冠可乐进行了100万次的口味测试，以证明皇冠可乐比可口可乐（57∶43）和百事可乐（53∶47）的口味都要好，但这并不管用。仅凭借口味更好的产品不能胜出，你必须用更好的品牌名和更好的战略，在顾客心智中建立更好的认知获胜。

它们想用有限的资源打一场全国性战役,最终只能是被可口可乐和百事可乐打败。随着软饮料品种的日益增多,迟早货架上会没有位置给位列第三的可乐品牌。

实际上,在20世纪60年代初,皇冠可乐还有另外一个选择。

健怡可乐之战

20世纪60年代初,皇冠可乐发起了猛烈的侧翼战,推出了健怡皇冠可乐(Diet[⊖] Rite Cola),此举出乎所有竞争对手的意外。直到3年后,可口可乐才推出了泰波可口可乐(Tab),百事可乐推出了健怡百事可乐(Diet Pepsi)进行回应。

到20世纪60年代末,健怡皇冠可乐在健怡软饮料中的销量名列第一,仅这款产品就占据了皇冠可乐几乎半数的销售额。

侧翼战第三条原则:追击与进攻同等重要。健怡皇冠可乐大胆的侧翼进攻获得成功,而可口可乐和百事可乐又给了它3年的时间。皇冠可乐足以利用这段时间做出决策,是继续推出全线品种的可乐,还是集中资源于获胜的产品上?

皇冠可乐公司应如何对待皇冠可乐和健怡皇

放弃皇冠可乐,将资源聚焦在成功的健怡皇冠可乐上,这将是优秀的战略。但回顾历史,"健怡"是个通用名称,所以是个无力的品牌名。如果取个好名字,产品就会更成功("皇冠"也不是一个好名字,听起来像是汽油的品牌名)。

[⊖] "Diet"即"健康饮食",现音译为"健怡","健怡"为低糖饮料。——译者注

冠可乐呢？看看美国汽车公司是如何对待其吉普车和乘用车的。这类战略决策是如此关键，皇冠可乐和美国汽车这两家企业却都没有主动做出决策。美国企业的管理层倾向于让市场替它们做决策，于是它们同时开辟两个阵地，其结局可想而知。

健怡皇冠可乐在市场上逐渐销声匿迹。这一品牌曾一度占领了市场，而现在它在市场上只有4%的份额，仅健怡可口可乐的销售就是它的14倍。

这场战斗本身并不公平。可口可乐和百事可乐利用它们丰厚的利润做后盾，支援自己的健怡可乐，而皇冠可乐则是用健怡皇冠可乐的利润，支援它对可口可乐和百事可乐发动徒劳的进攻。

克劳塞维茨说过，"要集中兵力"。皇冠可乐公司的健怡皇冠可乐又一次证明了这条主要军事思想的重要性。

非可乐饮料的侧翼战

还有一家企业在早期加入了可乐大战，那就是七喜公司（Seven-Up）。1968年，企业将七喜柠檬味汽水定位为"非可乐"，这个战略使它成为可口可乐和百事可乐的替代选择，销售在第一年就上升了15%。

这种方式的侧翼战几乎可以针对所有强大的

七喜唯一一个提升销量的广告是"非可乐"，企业绝不应该放弃这个战略。

领导品牌。事实上，领导品牌的地位越强，或者市场份额越大，创建替代品的机会就越大，茶因此成为咖啡的替代品，宝马汽车成为奔驰车的替代品。同理，七喜汽水成了可口可乐和百事可乐的替代品。

非可乐之战爆发10年后，菲利普·莫里斯公司（Philip Morris）以5.2亿美元这一史无前例的价格收购了七喜公司。这意味着，每一个"喜"就价值7400万美元。

菲利普·莫里斯公司的万宝路香烟和米勒莱特啤酒当时在市场上大获全胜，企业决定把同样的战略应用于七喜汽水。企业把七喜汽水的市场推广预算翻了一番，增加到了4000万美元，发动了一场我们称为"张扬雄心"的战役。

它打出的广告语是"美国改喝七喜汽水"。然而，七喜汽水的实际销售情况却和广告唱了反调。当年七喜汽水是软饮料业10强中唯一一家销量下降的企业，它在软饮料市场中的份额下降了10%。

那时，七喜汽水除了在广告中告诉美国正在"改喝七喜汽水"外，还在广告中加入了歌曲和舞蹈成分，这正好撞在了可乐饮料的最强点上。在广告中，没有比可口可乐和百事可乐唱得和跳得更精彩的了（还记得"我想给世界买瓶可口可乐"吗？这首广告歌甚至还录入自动点唱机中）。

消费者并不愚蠢，当人们看到像"美国改喝七喜汽水"这样的广告时，他们明白这是骗人的，因为美国并没有改喝七喜汽水。

若从军事角度看七喜汽水,就很容易看清其滞销的原因,以及为什么"改喝七喜汽水"的战略会失败。七喜汽水之前的做法是建立可乐替代品的定位,也因此从姜汁汽水、根汁汽水、橙汁以及其他的可乐替代品那里夺走了生意。现在,应该是转向进攻战的时候,找一个理由让喝可口可乐和百事可乐的消费者转向"非可乐"。

进攻战的第一条原则:领导者定位中的强势是主要考量因素。可乐类饮料的强势是什么?肯定是它的口味,即可乐果的味道。

进攻战的第二条原则:找到领导者强势中的弱点进行出击。可乐饮料的弱点是什么?也是它的口味,可乐果。

如果你看一下可口可乐包装罐上的说明,就会看到如下配方:碳酸水、白砂糖、焦糖色、磷酸、天然香料和咖啡因。

咖啡因!所有可乐饮料中都含有咖啡因,可乐果中有这种成分。依照美国联邦政府法规,可乐中要是不含咖啡因,就不能称为可乐饮料。

那么,谁喜欢喝软饮料呢?当然是孩子们。父母从超市买回一堆饮料放入冰箱,孩子们把冰箱里的饮料消灭光。具有讽刺意味的是,美国食品药品监督管理局规定,可乐类饮料中必须含有咖啡因(该机构得知可乐果在处理过程中去除了天然咖啡因成分后颁布了这个规定,于是,可口可乐公司只好从通用食品公司等处购买咖啡因)。父母给孩子喝可口可乐,很有可能给孩子喝下了从 Sanka ⊖ 咖啡中剔除出来的咖啡因。

我们来看一下字典里对咖啡因的解释:"一种味苦、结晶体的生物碱,多含在咖啡、茶叶和可乐果中,是一种心脏和中枢神经系统的兴奋剂。"

父母才不想让孩子们兴奋起来呢,孩子们已经够闹腾的了,他们只想让孩子们安静下来(如果霍夫曼-拉洛克公司能推出儿童安定药,一定会很畅销)。早在1980年,我们就向七喜公司推荐过"不含咖啡因"的战略。推

⊖ "Sanka"是一种不含咖啡因的咖啡品牌。——译者注

荐的电视广告语为："您不会给孩子喝咖啡，那么您为什么给孩子喝咖啡因含量同样多的可乐呢？让您的孩子喝不含咖啡因的非可乐饮料，七喜汽水是您明智的选择。"

但我们的这个战略被七喜的营销副总裁断然拒绝了，他说："我们绝不会用这种方式推销我们的产品。"然而结论下得太早了，当七喜开始丧失市场份额后，于1982年早些时候，重拾了"不含咖啡因"的战略。当时的新款七喜汽水包装罐上写道："绝不含咖啡因，永远不会"。

但是，七喜公司随后接连犯了两个战略性错误。第一个，它们同时推出了不含咖啡因的可乐，起名为"莱克"（Like）。这样，不但分散了兵力，还让消费者产生了困惑。第二个，它们忘了"非可乐饮料"的定位。仅仅指出可口可乐和百事可乐含有咖啡因是不够的，还必须提醒消费者，七喜汽水是"非可乐饮料"，是可口可乐和百事可乐的替代品。

不管怎样，不含咖啡因的战略还是让七喜汽水销量大涨，从软饮料市场的第四位升到了第三位。然而好景不长，七喜公司又失去了战略焦点，它在"不含咖啡因"的战略中又加了一条"不含人工色素"。

不含人工色素？可是那些美味（色彩也多样）的果冻一样含有人工色素，人们也普遍接受。从

本书出版之后，七喜改变了战略方向，推出了含有咖啡因的七喜Plus；此后，它们还推出了不含咖啡因而是富含果汁的混合莓子七喜Plus。难怪七喜的销售额在持续下降。

蛋糕上的奶油到酷爱（Kool-Aid）㊀，厨师们必须依靠人工色素。

20世纪80年代中期，七喜公司又回到非可乐的战略方向上。短短几年里，七喜公司采取了三种不同的战略。商战的目标是给敌人制造混乱，而不是给自己制造混乱，七喜公司如今需要时间去消除这种混乱。

可乐饮料中的混乱和困惑

七喜"不含咖啡因"的进攻战，在可口可乐和百事可乐的阵营中制造了混乱和困惑。《华尔街日报》曾报道："七喜公司关于咖啡因的广告在饮料业中掀起轩然大波。"在一次正式谈话中，百事可乐把七喜公司"不含咖啡因"的广告称为"对公众的伤害，因为它通过恐吓手段使毫无根据的健康隐患深入人心"。百事可乐制造商称，"完全可以肯定"咖啡因对健康并无威胁。

然而，从普彻斯来的那位女士确实抗议过头了。不出6个月，百事可乐就推出了Pepsi Free系列（两款不含咖啡因的百事可乐和健怡百事可乐）。

其他饮料也纷纷效仿，如可口可乐、皇冠可乐，还有胡椒博士可乐，甚至新奇士（Sunkist）

RC 100是第一款不含咖啡因的可乐，没人知道这一点，因为糟糕的品牌名埋没了它。所以，一个新品类需要一个好名字。

㊀ "Kool-Aid"是一种传统冲泡型软饮料，有多种口味和不同颜色。——译者注

也声称去掉了咖啡因。令人匪夷所思,橘子味汽水中怎么会含有咖啡因?

竞争对手都开始对咖啡因敏感。从一开始就不含咖啡因的品牌都开始声称自己不含咖啡因,如雪碧、加拿大干姜汁汽水等。

应该提一下"RC 100"可乐。贯穿整个可乐战,"RC 100"小得微不足道,可是它却是第一种脱去咖啡因的可乐饮料。它由皇冠可乐于1980年推出,而后销量迅速飙升。然而,它重蹈了健怡皇冠可乐的覆辙,被可口可乐和百事可乐的含咖啡因饮料扼杀了。仅仅成为"第一"是不够的,你还得"第一个全力出击"。

第二轮健怡可乐之战

1982年,在纽约的广播城音乐大厅,又一轮商战打响了。这回,可口可乐推出了健怡可口可乐(Diet Coke),这是可口可乐自1886年创始以来以"可口可乐"命名的第二款产品。

这款产品一上市就获得了前所未有的成功。为此,《纽约时报》评论道:"假如在商业中有什么产品万无一失的话,看来就是健怡可口可乐了。"

《华尔街日报》预言:"健怡可口可乐有望成为可口可乐公司历史上第二款最受欢迎的软饮料。"

《杰西·梅亚斯饮料文摘》的编辑称其为"史上用时最短成为最畅销的软饮料"。

就算是可口可乐的亚特兰大总部提到自己的新产品时也毫不谦虚,大肆夸耀新产品取得的成绩。美国可口可乐公司总裁布赖恩 G. 戴森(Brian G.Dyson)说:"在可口可乐公司96年的历史中,健怡可口可乐是最重要的新产品,这也将是20世纪80年代软饮料业中的重要事件。"

在这一片赞誉声中,你必须得有些勇气才能指出,可口可乐正在阻断自己的财路。实际上，从长远来看，可口可乐就是这么做的。

当然，短期内健怡可口可乐获得了巨大的成功（健怡皇冠可乐和"RC 100"当初也是如此）。健怡可口可乐在可口可乐和百事可乐之后，稳居第三，但它却为此付出了代价。

第一个代价是泰波可口可乐。健怡可口可乐推出的那年，泰波可口可乐在软饮料市场上占有4.3%的份额。随着健怡可口可乐销量日益上升，泰波可口可乐节节败退。到1984年，泰波可口可乐仅以1.8%的市场份额勉强支撑。

因此，可口可乐做了很多公司都会做的举动，解雇了泰波可口可乐的广告代理商，更换广告。泰波可口可乐还有转机吗？不会了，为时已晚，除非可口可乐公司能撤回它的健怡可口可乐。

第二个代价就是可口可乐本身。健怡可口可乐推出的那年，可口可乐占有市场份额为23.9%，1984年却下降到了21.7%。

情况就是如此，健怡可口可乐的利润几乎被泰波可口可乐和可口可乐本身的损失所抵消。

在我们看来，如果可口可乐公司不推出健怡可口可乐，而将资源聚焦于让泰波成为健怡品牌，情况会更好。在推出健怡可口可乐之前，泰波是健怡可口可乐的领导品牌，比健怡百事可乐销量高出32%。

百事可乐的挑战

百事可乐在20世纪70年代中期实施的另一个战略也值得提一下，这次行动被命名为"百事

> 百事可乐的挑战
>
> 百事一代

百事可乐在两个优秀的战略之间摇摆不定,如果当时企业能够明确地选择其一并坚持下去,市场表现会更好。

可乐的挑战"(Pepsi challenge)。百事可乐做了一次口味测试,让受试者在不知道品牌的情况下,评判两种可乐的口味优劣。结果,受试者中喜欢百事可乐和喜欢可口可乐的比率为3:2。百事可乐把测试结果在电视广告中大肆宣扬。

这是个好战略吗?也许吧,因为它利用了竞争对手产品的弱点。由于百事可乐的味道比可口可乐甜9%,第一口感对百事可乐有利。百事可乐的这一特点也支撑着它的"百事一代"战略,对一个12岁的青少年来说,味道越甜越好。

但是,百事可乐同时开辟两个战场是不利的。位居市场第二位的品牌承受不了两个战役。进攻战第三条原则:尽可能地收缩战线。

幸运的是,可口可乐随后犯了作为领导者不应该犯的错。在抗击"百事的挑战"数年后,可口可乐突然公开改变配方,以接近百事可乐的甜味。现在,"正宗货"不再正宗了。仅此一举,可口可乐就削弱了自己的地位。

问题并不在于是否改变配方,问题在于是否把这种变化公开化。多数企业都像可口可乐公司一样,时常对配方做一些小的变动,最显著的是用高果糖玉米糖浆代替蔗糖。对许多企业来说,产品的"更新换代"是市场生存之道。

可口可乐的形势则不同,因为它的定位是"正宗货"。在这个飞速变化的世界,可口可乐的

各行各业都不一样,但在饮料行业,人们总倾向于"老"品牌。看看咖啡和茶的持续成功,它们是世界上历史最悠久的饮品。在葡萄酒、白酒等饮料行业中,老品牌通常比新品牌要好,"新可口可乐"的下场说明了这一点。杰克丹尼威士忌(Jack Daniel's)是这样给自己定位的——"131年,7代产品,1个配方。"它是世界上销售额排名第七的烈酒品牌。

口味经久不变，它使消费者确信自己不会变老。可口可乐弧形瓶的撤出已经够糟了，现在又轮到它的配方了。

"正宗货"的回归

"新可口可乐"（New Coca-Cola）推出不到3个月，遍体鳞伤的可口可乐亚特兰大总部马上认输了。它们宣布，"正宗货"会以一个新的名称回归，即"经典"可口可乐（Classic Coke）。

"正宗货"的回归宣告了"新可口可乐"的破产。可以预见，"新可口可乐"很快就会消亡。

认知比事实更强大。"新可口可乐"的口味的确比传统可乐要好，可是顾客却自有想法。毕竟，原有的可口可乐才是正宗的。难道还有什么能比正宗味道更好的吗？

认知能影响人的判断力，也能影响人的口味。心智就是战场。心智中没有"事实"这一说，只有认知，而认知就是必须面对的现实。

如果你违背自己在消费者心智中的认知，你将必输无疑。"施乐"这个品牌在消费者的心智中是复印机，因此"施乐"计算机绝不可能成功。

大众汽车意味着小型、耐用、可靠的轿车，因此大众汽车大型、昂贵的车型不可能卖得好，直至这些车型被冠以"奥迪"之名后才打开销路。

它们从不吸取教训，大众的辉腾（Phaeton，售价为66 515～98 215美元）就是一场灾难。有位评论家说："这款车有两个小错误：一个是车前大众的标志，另一个是车尾大众的标志。"

可口可乐改变配方就意味着违背消费者心智中"正宗货"的认知,后来又把配方公开改回去,就等于承认了它犯的错误。这样,可口可乐把自己在消费者心智中的地位削弱了。

这是历史上头一次,可口可乐的领导地位摇摇欲坠。百事可乐很有可能在不久的将来成为可乐品类的第一品牌。

咖啡因的挑战

可口可乐在阻击百事可乐时,受到另一个战场的影响。为了顶住七喜汽水"不含咖啡因"的攻击,可口可乐推出了3种无咖啡因的产品。因此,现在可口可乐拥有8种可乐产品,给自己制造了一片混乱。

可口可乐的8种产品是:经典可口可乐(Classic Coke)、新可口可乐(New Coke)、樱桃味可口可乐(Cherry Coke)、健怡可口可乐、泰波可口可乐、无咖啡因新可口可乐(Caffeine-Free New Coke)、无咖啡因健怡可口可乐(Caffeine Free Diet Coke)和无咖啡因泰波可口可乐(Caffeine-Free Tab)。

显然,可口可乐并没有意识到这些无咖啡因可乐的危害。我们来看一下咖啡的情况,随着无咖啡因的咖啡销量上升,咖啡的整体消费水平下

偏爱新可口可乐	55%
偏爱传统可口可乐	19%
没区别	26%

在口味盲测中,偏爱新可口可乐的消费者几乎是偏爱传统口味人数的3倍。

偏爱新可口可乐	13%
偏爱传统可口可乐	59%
没区别	28%

然而,在人们知道自己喝的是什么品牌的情况下,测试结果则恰恰相反,偏爱传统可口可乐的几乎是新可口可乐的4倍。无论是可乐、啤酒,还是其他饮料,消费者喝的是品牌。包装奢华的昂贵葡萄酒比包装简易的廉价葡萄酒让人觉得味道更好,即使它们在口感上没有实质性区别。

降了。一段时间后,人们也不再喝可口可乐,因为它含有咖啡因;人们也不再喝不含咖啡因的可口可乐了,因为它不是"正宗货"。

可口可乐改变配方以及推出不含咖啡因的产品,预示着将为自己制造很多麻烦。就算是那些在可口可乐处于混乱时期仍在支持它的消费者,在购买可口可乐时也感到为难。看看下面这段在冷饮店前的对话你就知道了。

"给我来一瓶可口可乐。"

"您想要经典可口可乐、新可口可乐、樱桃味可口可乐还是健怡可口可乐?"

"给我来一瓶健怡可口可乐。"

"那您想要普通的健怡可口可乐,还是要不含咖啡因的健怡可口可乐?"

"真见鬼!给我一瓶七喜汽水。"

当你踏上品牌延伸的滑坡时,情况只会越来越糟。在1985年,可口可乐有8种可乐产品;而如今,可口可乐有14种不同的可乐,其中包括很多奇怪的产品,如零度可口可乐(Coca-Cola Zero)、善品糖健怡可乐(Diet Coke Splenda)、可口可乐C2,还有正在考虑中的咖啡味可乐,这是1996年百事可乐市场测试时遭遇失败的那款产品。难怪可口可乐公司气数衰减。

MARKETING WARFARE

第 12 章

12

啤 酒 战

> 很多人认为,付出一半努力也能有成果。虽说跨越一小步比一大步容易,但是在跨越一条壕沟时,绝不会有人想先跨过一半,再跨另一半。
>
> ——卡尔·冯·克劳塞维茨

啤酒行业中早就开始运用军事思想了。安海斯－布希公司发动战略行动的密室,是位于总部大楼九层的一间"作战"会议室。会议室的墙上贴着地图,上面标有黑色的向上或向下的箭头,标示着企业和竞争对手的业绩。

第二次世界大战以来,安海斯－布希公司地图上大部分的黑色箭头都是向上的。

百威啤酒的突破

第二次世界大战后,啤酒业历经了一段混乱时期。啤酒行业的领导品牌是喜立滋(Schlitz),它的产地密尔沃基以此名扬四海。

但是,假如你到过巴黎,密尔沃基市就显得不那么有名了。因此,美国退伍军人和参加过国外战争的老兵都开始尝试其他品牌,特别是以"啤酒之王"著称的百威啤酒。

1979年5月,许多专家包括这本杂志的编辑在内,都预测米勒会在"啤酒战"中击垮百威。然而,这个预测并没有实现,本章将阐述个中原因。

风水轮流转。1951年和1952年,喜立滋啤酒处于领导地位;1953年和1954年,百威啤酒占了上风;到了1955年和1956年,又是喜立滋的天下。

这些年正是关键时期,喜立滋和百威的竞争胶着,只付出一半努力是不够的,双方必须全力以赴,因为胜利很可能会属于任何一方。有时候,多花几百万美元做广告就有可能决定胜负。然而在这种情况下,许多企业常常无法领悟,就算是一年内很小的销量优势都将意味着收获巨大的长期优势。

在这种关键时期,对于追加广告预算的提议,最高管理层总是问错误的问题:"广告投资的收益如何?"其实,他们应该问的正确问题是:"为确保胜利,我们应该投资多少?"

克劳塞维茨曾指出,战争中胜利和失败的界限有时就在于"战场上胜方和败方在人员伤亡、战俘、炮火损失等方面的微小差异"。

1957年,百威啤酒重新取得领先,比喜立滋啤酒领先1.5%,并且再也没有被超越。胜败已经很明显,到20世纪80年代中期,百威啤酒的销售是喜立滋的20倍。

百威啤酒成功的原因之一在于它的品牌名称。百威,尤其是它的小名Bud ⊖ 比喜立滋要好读很多。而且,喜立滋这个名字本身还含有负面色彩。密尔沃基的孩子们常这么说:"杯子里装的是蓝带啤酒(Pabst),裤子上洒的是喜立滋。"

有业内人士认为,百威啤酒的胜利是因为喜立滋的产品品质差一些。20世纪60年代后期,喜立滋啤酒的确引起业内的纷纷议论,因为它开始建造高效啤酒厂,并缩短酿造周期,纯粹主义者认为这有损啤酒的口味。

也许真是如此,可这是喜立滋啤酒把领导地位拱手让给百威10年之后的事了。商业历史(还有军事史)告诉我们,当对手占据上风时,自己的境地就会越来越坏。富者愈富,贫者愈贫。

⊖ Bud在英文里比Budweiser音节少,更容易读和记忆。——译者注

喜力啤酒的包抄

与百威啤酒的突围相比,喜力啤酒(Heineken)的胜利几乎没有引起任何伤亡。两者的不同之处在于,百威啤酒的胜利完全以竞争对手喜立滋啤酒的失败为代价,而喜力根本就没有竞争对手。

喜力是第二次世界大战后第一个进入美国市场的进口啤酒品牌,它很容易就在市场上找到了立足点,这是在没有任何抵抗的情况下发动的侧翼进攻。然而,喜力战略最重要的部分还在后面。

侧翼战第三条原则:追击与进攻同等重要。

最初几年,喜力不断地在营销上投入大笔资金,特别是在广告上。年复一年,喜力的投入超过了所有其他进口品牌。

第一个向喜力发起进攻的品牌是来自慕尼黑的卢云堡啤酒(Lowenbrau)。卢云堡啤酒的包装极其引人注目,是蓝色、绿色和银色的瓶子。它发起的广告战声势浩大,至今仍为人们所谈论。

"如果卢云堡啤酒卖完了……就来一杯香槟吧。"这个广告很有戏剧性,引人注目,并且过目难忘。但是,对卢云堡啤酒来说,却是全然错误的。

把啤酒与香槟作比较(借鉴了"米勒高品质生活"啤酒㊀)更适用于喜力啤酒,因为这则广告

出色的广告,却用错了品牌。

㊀ "米勒高品质生活"(Miller High Life)是米勒啤酒公司在1903年推出的一款高端啤酒,宣称自己是"啤酒中的香槟"。——译者注

是在拓宽高端进口啤酒的市场。

卢云堡啤酒的问题并不在于市场规模，那是下一步的事情。它的问题是如何同喜力啤酒争夺市场。卢云堡啤酒应该发动进攻战，抢夺"高端进口啤酒"领地的主导权。在拓展市场前，你首先要占领这个市场。

进攻战第二条原则：找到领导者强势中的弱点进行出击。喜力是进口啤酒，这是它的强势所在。那么，它是从哪里进口的？荷兰，这就是喜力的弱点。荷兰以风车、奶酪和运河闻名，并非啤酒。

法国的葡萄酒闻名于世，德国的啤酒享誉全球，这是在美国消费者心智中固有的认知。卢云堡啤酒（或其他德国啤酒）完全可以利用这一点攻击喜力啤酒。

进攻战第三条原则：尽可能地收缩战线。卢云堡啤酒应该在广告中输出类似这样的信息："您已经喝过荷兰最好的啤酒，那么现在就来品尝一下德国最好的啤酒吧。"别再想啤酒花、麦芽，还有酿酒专家精心酿造的400年历史，而是把精力放到竞争对手身上，找出并利用它的弱点，然后在狭窄的战线上集中兵力发起进攻。

人们或许会问，既然最好的啤酒是德国酿造的，那么为什么市场上第一大进口品牌却来自荷兰？市场营销专家会说，这是因为喜力的市场推广工作做得不错。这有一定因素，但不是真正的原因。喜力成为进口啤酒第一大品牌，占有40%的市场份额，真正的原因在于它当初没有竞争对手。

后来，米勒啤酒公司买下了卢云堡啤酒，开始在美国本土酿造这款啤酒。新卢云堡啤酒把目标对准了安海斯–布希公司的米狮龙（Michelob）啤酒。

安海斯–布希公司毫不犹豫，迅速反击，指责卢云堡啤酒在广告中虚称自己为进口啤酒，还以进口啤酒标价，但实际上却是在美国国内酿造。这成功减慢了卢云堡啤酒的增长。卢云堡作为进口啤酒时没能抓住这一优

利用原产国定位打击市场领导者的典范是百味来（Barilla）意大利面。百味来带着"意大利第一的意大利面"口号进军美国市场，3年后成为美国排名第一的意大利面品牌。在对手林立的市场里，包括Ronzoni、Mueller、Cremette、San Giorgio等品牌，百味来做得很不错。以前的市场领导者是Ronzoni，属于被称为"令人敬畏的营销机器"的亨氏食品公司旗下。同时，百味来的售价要高出竞争对手5%～10%。具有讽刺意味的是，与它的品牌出处不同，百味来的产品是在美国俄亥俄州生产的。

势发起进攻，却在成为国产啤酒后，被别人拾起自己丢弃的武器向自己开了火。

目前，又有一个德国啤酒拾起卢云堡丢弃的武器。它在电视广告中宣传："德语中最著名的词……贝克啤酒（Beck）。"但是，贝克啤酒却面临着一些困难。

贝克啤酒进入美国市场太晚了，喜力啤酒已经抢占了市场。并且，与市场上那些德国味十足的品牌名相比，如喜立滋、帕布斯特（Pabst）、百威（Budweiser）、布希（Busch）、黑尔曼（Heileman）、布拉茨（Blatz）、雪弗（Schaefer）、麦斯特–布劳（Meister-Brau），贝克这个名字的德国味淡很多。所有这些品牌听起来都像是德国品牌，但都是在美国国内酿造。

尽管贝克啤酒有这些弱势，但它还是在进口啤酒市场中夺得第三的地位，这就是利用领导者弱点的成果。但市场第三距离第一还很远，无法享受到作为领导者的胜利果实。喜力啤酒遥遥领先，销售额是贝克啤酒的5倍。

美国领先的啤酒企业——安海斯–布希公司，迟早要反击喜力的入侵。

安海斯–布希公司的反攻

领导者典型的反应是"我也能"。也就是说，安海斯–布希公司可以同一家欧洲啤酒企业（最好是德国）达成协议，进口对方的啤酒。这是典型的阻击战，属于防御战第三条原则。

不幸的是，安海斯–布希公司浪费了很长时间都没有采取这种阻击战，直到 1963 年，才开始反击喜力啤酒。

安海斯–布希公司的行动简单却卓有成效。为了对抗对方作为第一家高价进口啤酒的定位，安海斯–布希公司推出了第一款高价位的美国啤酒，命名为米狮龙，并配以高价的包装瓶（当然了，还有高的零售价，这是常常被众多企业忽略的重要战略配称）。

米狮龙啤酒在广告中称"第一流就是米狮龙"，是坐飞机头等舱时的佳饮，是周末休闲的必备饮品（人们确实想在周末喝点好的）。米狮龙获得了巨大成功，盈利丰厚。1980 年是其鼎盛期，它拥有了美国啤酒市场 6% 的份额，销量不仅超过了喜力啤酒，还是所有进口啤酒销量的两倍。

至于后来，米狮龙开始走下坡路，那是后话了。

米勒公司的崛起

1970 年，菲利普·莫里斯集团收购了米勒啤酒公司，使啤酒业发生了巨变。

很难想象，当年米勒公司在啤酒业中位居第七，销量低于安海斯–布希、喜立滋、帕布斯特、康胜（Coors）、雪弗和福斯塔夫（Falstaff）。

被收购后的米勒公司拥有两项优势，即菲利普·莫里斯集团的资金，以及清晰并持之以恒的战略。

米勒公司的攻击目标是百威啤酒。像所有领导品牌一样，这家"啤酒之王"产品齐全，满足所有消费者的所有需求。于是，面对全面展开防御的敌人，米勒公司运用了拿破仑最拿手的策略——袭击敌军中部，即啤酒行业的核心市场。

米勒公司的电视广告是"欢迎来到米勒时间"。米勒时间是为蓝领准备的，与白领的鸡尾酒时间一样。米勒公司暗示，你工作得很努力，当然值得奖励。

非常喜欢喝啤酒的蓝领做出了响应，但不是很快。米勒公司花了3年时间才扭转局面，尽管它为每桶酒投入了两倍于行业平均值的广告费。

这种对广告的滞后反应，在啤酒、香烟、可乐等"个人消费"产品上很常见。人们在饭店或酒吧里喝啤酒时，并不只是为了解渴，还显示出个人品位。消费者对某个品牌感觉良好之后，才愿意公开消费，这就需要时间。

一旦"蓝领阶层"的观念扎下根，米勒就赶超了福斯塔夫、雪弗、康胜、帕布斯特和喜立滋，成为美国第二大啤酒品牌。

最后，百威啤酒不得不开始反击。这家"啤酒之王"的广告是："为你所做的一切，来一瓶百威啤酒。"这其实是对米勒公司"工作奖励"广告的改版。

米勒公司在蓝领市场取得成功有点讽刺意味，因为它最初是面向上流社会的品牌。它的瓶子标签上写着"米勒高品质生活，啤酒中的香槟"。"高品质生活"？没人把这个品牌叫作"高品质生活"，人们看标签时，对它视而不见。人们把这个品牌叫作"米勒"，这是收音机和电视里说的，"欢迎来到米勒时间"，而不是"欢迎来到高品质生活时间"。

把高尔夫俱乐部里受欢迎的品牌打入社区酒吧没有问题（但反过来，要把社区酒吧里受欢迎的品牌打入高尔夫俱乐部，让品牌从低往高走，就难得多），问题在于品牌名，标签上的名字和消费者实际称呼的细微差异，将给米勒带来巨大的后遗症。

米勒莱特的问世

1975年,米勒啤酒公司推出了"米勒莱特"(Miller Lite),并打出了广告"有上好啤酒中你想要的一切,只是含量低一点"。

莱特的问世是典型的侧翼战。它抓住了其他品类向清淡口味方向发展的趋势,比如葡萄酒取代白酒。并且,米勒莱特还严格遵守了侧翼战的原则。

第一,在无争地带进行。当时还没有全国性的"淡啤"品牌,只有一些区域性和游击队的品牌,甚至有些淡啤品牌推出后便失败了。加布林格啤酒(Gablinger)⊖就是一个众所周知的惨败案例。啤酒消费者对待品牌非常严肃,广告可以做得诙谐轻松(米勒莱特的广告就是如此),产品却不能。对于啤酒来说,加布林格不是个庄重的品牌名。

第二,战术奇袭。米勒莱特的推出,使竞争对手措手不及。它没有进行市场测试,也没有在媒体上提前曝光。只听一声枪响,莱特横空出世,并迅速席卷全国。喜立滋花了1年时间才做出反应,推出了"喜立滋淡啤",而安海斯-布希公司用了2年才推出了新品牌"天然淡啤"(Natural Light)。

在米勒莱特上市的前一天,我们还和米勒啤酒公司的一位高管在车上谈论。"一定要看明天的报纸,"他说道,"我们正按照你们在定位文章中的建议做。"于是第二天我们看到:报纸上整版广告都在宣传第一款淡啤的问世。那也许是最有成效的新品上市,除了一点:它的名字。法律上讲,米勒啤酒公司可以保护莱特(Lite)这个名字,但无法阻止其他竞争者使用淡啤(Light,在英文中和Lite同一个发音)这个通用名称。为了将莱特同其他淡啤区隔开来,米勒公司将它更名为米勒莱特,这是一个巨大的错误,因为它削弱了"米勒高品质生活"品牌。

⊖ 加布林格(Gablinger),在英语口语中"gab"有瞎扯、空谈的意思,而linger是滞留、待着不走的意思。——译者注

"天然淡啤"也是一个糟糕的名字,但是它却成为美国销量第五的啤酒品牌,占有 4.2% 的市场份额。原因之一是,它是唯一拥有独特名字的淡啤品牌。也就是说,这不是一个普通啤酒品牌的延伸产品。同样,阿姆斯特尔(Amstel)淡啤是唯一一款拥有独特名字的进口淡啤,它成为销量最大的进口淡啤也就不足为奇了。拥有阿姆斯特尔品牌的喜力公司接着会怎么做?它们推出了喜力淡啤。

第三,乘胜追击。无线电波中充斥着米勒莱特的广告,米勒公司为此在每桶啤酒上投入了 4 倍于啤酒行业平均水平的广告费,并且从未缩减。20 世纪 80 年代中期,米勒仍在运用强大的广告攻势继续抢占淡啤市场。竞争对手的出现迫使米勒啤酒不断在消费者心智中追击,米勒莱特推出 3 年后,市场上涌现了多达 22 个淡啤品牌。

啤酒业看好淡啤

第一家加入米勒莱特竞争的大型啤酒企业是喜立滋。喜立滋公司全力出击,投入了几乎同米勒公司一样高额的广告费。

喜立滋公司甚至还花 50 万美元高薪聘请了知名演员詹姆斯·柯本(James Coburn)。柯本在电视广告中只说了两个词"喜立滋淡啤",但很不幸,其中有一个词是多余的,喜立滋自此走上了品牌延伸之路。克劳塞维茨说"集中兵力",可是美国企业家对这位普鲁士将军的名言置之不理。

结果可想而知。安海斯-布希公司的"天然淡啤"很快取代了喜立滋淡啤,并向莱特淡啤发起挑战。"天然淡啤"是个庄重的名字,但也很拗口。为此,安海斯-布希公司雇用了擅长发错音来搞笑的滑稽演员诺姆·克罗斯比(Norm Crosby),让他告诉人们:"要一瓶'天然',别弄

在喜立滋淡啤进入市场时,企业的核心品牌喜立滋啤酒是美国销量第三的啤酒。喜立滋淡啤的推出是一个错误,品牌延伸破坏了喜立滋啤酒这一品牌。

第 12 章 啤 酒 战

错了。"

一个品牌名要是被人拿来开玩笑的话,说明它存在弱点。就像五十铃汽车,这个日本汽车品牌登出了两条广告,标题分别是:"'五十铃'是干什么的?"以及"你的老'五十铃'怎么样了?"不言而喻,这款日本车在美国前途渺茫。可以预见,天然淡啤将很快落在了后面。

还有另外一家啤酒企业也值得一提,这家啤酒公司有潜力在淡啤市场获胜。这就是位于科罗拉多州戈尔登的阿道夫·康胜啤酒公司(Adolph Coors)。它的品牌名称是"康胜",这款啤酒是世界上最大的啤酒厂用纯净的洛基山泉水酿造而成的。

康胜当时是最成功的区域性游击企业,其他游击企业还有西北部的奥林匹亚(Olympia)、中西部的老式黑尔曼、南部的迪西(Diexie)、东部的雷音歌德(Rheingold)、雪弗和巴伦坦(Ballantine)、纽约州的尤蒂卡俱乐部(Utica Club)和杰纳西河(Genesee),以及匹兹堡的钢铁城(Iron City)。

康胜取得了辉煌的战果,它仅在美国西部 12 个州销售,却是其中 9 个州的市场领导者。

许多名人都是康胜的消费者,如保罗·纽曼、克林特·伊斯特伍德和杰拉尔德·福特。亨利·基辛格每次去加州都要带上几箱康胜啤酒回华盛顿。《纽约时报》称康胜为"全国最时尚的啤酒"。

没有哪个品牌比康胜更受益于公关宣传了。这篇刊登在《纽约时报》上的文章用了 4 个版面赞扬康胜。

科罗拉多州的 Kool-Aid[⊖]

其实康胜早就是一种淡啤了，普通康胜啤酒所含热量比米狮龙淡啤还要少。丹佛（科罗拉多州首府）本地人总是爱开玩笑地说："给我来一瓶科罗拉多的 Kool-Aid。"就连康胜的包装罐上也印着"美国优质淡啤"。

莱特的问世给了康胜一个绝无仅有的机会，还可以让它解决一个难题。这个难题就是，全国性品牌的强大广告攻势对康胜这样的区域性品牌造成了巨大的压力，使得啤酒公司的数量日见减少。禁酒令撤销后，美国的啤酒企业曾多达 786 家，到 1986 年只剩下了 40 家；纽约曾有 121 家啤酒公司，到 1986 年只有一家了；芝加哥也曾经有 45 家啤酒公司，到今天一家都没有了。1960 年，前 6 名的啤酒公司共占有 37% 的市场份额，到 1986 年已占有 92% 的份额。

让康胜成为全国性品牌，并获得全国性广告投放的单位成本优势，这种紧迫感康胜很强烈。莱特的问世创造了这个机会。克劳塞维茨说："在正确的时刻把力量用于对付真正的敌人，会产生更大的威力。"康胜可以借势莱特的成功，利用其

在康胜公司推出康胜淡啤之前，普通康胜啤酒的包装罐上印着"美国优质淡啤"的字样。后来这行字神秘地消失了。

⊖ Kool-Aid 是一种以儿童为销售对象的可溶粉末饮料，有各种水果口味，以粉末加水而成。Kool-Aid 现为美国卡夫食品公司旗下的品牌。由于康胜啤酒比较淡，所以有人戏称它为儿童饮料 Kool-Aid。——译者注

强势中的弱点（进攻战的关键性原则），跟着到达顶峰。换句话说，康胜有机会从游击战转入进攻战。

对企业来说，最困难的作战行动莫过于改变战略方向，因为这意味着让员工、经销商、批发商感到不安，这些人员已经习惯了按部就班的工作内容。在必须改变方向的紧要关头，商战原则可以帮助企业厘清思路。

康胜已经具备所有条件去抢占"最早的淡啤"的定位（一种更有戏剧化的表述是"淡啤开创者"），我们在1978年曾向康胜的高管层提过这个建议。

"开创者"定位充分利用了康胜来自西部的历史传统，以及位于洛基山的地理位置，甚至还包括其创始人及家族的坚毅个性。

在那个年代，康胜几乎没有做过任何广告，淡啤被藏在了深闺。莱特挑起了战斗，这就给了康胜一次揭开自己成功秘诀的绝佳机会。

然而康胜另有想法，它们推出了康胜淡啤，成了市场上其他23种淡啤的跟风者。公司的理由是，"公众并没有把康胜视为淡啤"。那是因为，根本就没有人告诉过公众康胜是淡啤（谁会认真看标签呢？康胜啤酒上的标签除了"美国优质淡啤"字样之外，还写着"康胜盛宴"。甚至亨利·基辛格可能都不知道"盛宴"也是康胜的商

在康胜淡啤问世之前，我们曾为康胜高层做过提案。我们的建议是：不要推出康胜淡啤，而是利用米勒莱特的巨大成功，把既有的康胜品牌定位为最早的淡啤，以"淡啤开创者"为主题，在广告上呈现美国西部场景。

标名)。

于是康胜以两个品牌进军美国全国市场,并同时启动两项广告计划作为支持。除米勒公司外,还没有一家企业能在一个母品牌下打造两个品牌。

莱特的弱点

在印刷品主导的世界,莱特作为低热量啤酒是个很不错的名字。对米勒公司来说,不幸的是,我们生活在广播主导的世界里。

在收音机和电视上,声音比文字更重要。尤其是,啤酒消费者常去的酒吧,在那里品牌名的发音至关重要。

"服务员,给我来瓶莱特。"

"是哪种?是大写的'莱特',还是小写的'淡啤'?"⊖

"管它呢,是米勒就行。"

渐渐地,随着莱特变得越来越成功,"要米勒的"这句话的含义开始变成是要米勒莱特,而不是要"米勒高品质生活"。

电视广告中虽然称"米勒公司出品的莱特啤酒",却并没有起多大作用。啤酒罐的正面没有出现"米勒"的字样,只有"莱特"。罐子侧面才有一个很小的米勒商标,以及用普通小字写的"威斯康星州密尔沃基米勒啤酒公司",但莱特仍然和米勒紧紧连在一起。

一个名称无法代表两个不同的品牌,米勒公司迟早为莱特的战略错误付出代价。

事实上,过了较长时间后,是"米勒高品质生活"为此付出了代价,而不是"莱特"。1979年,即莱特推出4年后,"米勒高品质生活"的销售达到了顶峰,销量仅比百威啤酒低21%,此后开始下滑。

⊖ 英语中,"莱特"(Lite)与"淡啤"(light)的发音相同,会产生混淆。——译者注

"米勒高品质生活"的下滑

"米勒高品质生活"与百威啤酒的差距开始拉大,最初很慢,后来速度越来越快,从比百威啤酒低32%、40%、59%,最后于1984年比"啤酒之王"低了68%。也就是说,百威啤酒的销售已经是"米勒高品质生活"的3倍。

"米勒高品质生活"不可逆转之点是在1983年,当时米勒莱特超过了它。现在,米勒确实代表了莱特,不管是在销量上还是在社区酒吧里。

媒体似乎也看不明白。《纽约时报》一篇描述"米勒高品质生活"困境的报道中称"米勒要解开啤酒之谜",看来没有人想到过"米勒高品质生活"和"米勒莱特"这两个品牌之间的关联。

从军事角度讲,米勒公司向自己发动了侧翼进攻。它的两款产品使用了同一个名称(也许只是偶然),这种侧翼进攻不仅没有削弱百威啤酒的地位,反而削弱了自己的地位。波果(Pogo)说:"我们遭遇的敌军不是别人,正是我们自己。"

位于俄亥俄州塔伦顿的新建的米勒啤酒厂,耗资4.5亿美元,但从未生产过一桶啤酒,这成了侧翼包抄自己这一战略错误的沉默见证。

你要是想侧翼包抄自己的话,后果只有两种可能,但无论哪种,对企业自身而言都无法称为获胜。要么是你从侧翼成功地包抄了自己,像米勒公司一样摧毁了自己的基础品牌;要么保护了基础品牌,却使此次侧翼行动以失败和高昂的代价告终。

品牌延伸就像跷跷板,一个名称不能代表两种不同的产品。在跷跷板上,一端上去了,另一端就会下来。

品牌延伸的危害很隐秘,因为其长期结果和短期结果截然相反。短期内,品牌延伸通常总是成功,就像米勒莱特一样,还有健怡可口可乐。但从长期来看,品牌延伸通常以失败告终。

这种情况就像喝酒一样,从长远看,酒精会抑制中央神经系统,而在短时间内,酒精让人感到兴奋愉悦,正如健怡可口可乐的发展历程。

然而,米勒公司似乎没有察觉到两个米勒品牌的关联。为了挽救"米勒高品质生活"品牌,米勒公司就像其他企业常做的那样,解雇了它的广告公司,并进行了公开批判,罪名为失职。

新的广告公司迅速推出了"米勒,美国酿造"广告。

哪个米勒?"米勒莱特"还是"米勒高品质生活"?电视广告中没说。广告中展示了啤酒罐,可没人去看上面的文字,广告配音也没有说。

米勒公司进退维谷,它不愿意说"高品质生活",因为这名字不适合工人阶层。有谁愿意挤到吧台前,高叫"给我来瓶'高品质生活'"呢?

你可能认为米勒公司的遭遇足以给其他公司提出警告,事实上不是。

试图拯救米勒品牌的诸多广告中,有一则的主题是"米勒,美国酿造"。然而,大多数喝啤酒的人都把啤酒与德国酿造连系在一起。正因如此,在美国酿造的成功啤酒品牌中大多数都有着德国式的名字。

轻骑旅的冲锋

啤酒企业前仆后继,沿着米勒公司的老路纷纷倒下。不仅喜立滋和喜立滋淡啤、康胜和康胜淡啤,啤酒巨头们又推出了米狮龙和米狮龙淡啤等这类组合。

现在我们来看一下这些向自己发动侧翼进攻的勇士们的后果。

喜立滋淡啤是淡啤中第二个推出淡啤的大品牌。按照常理，喜立滋拥有巨大的领先优势，事实却不尽然。1976年，即喜立滋淡啤推出的当年，仅喜立滋啤酒的销售量就达2400万桶，到了1986年，喜立滋啤酒和喜立滋淡啤加起来销售还不到300万桶。真是一次绝妙的侧翼包抄，两个品牌都被自己摧毁了。

就算取得暂时的成功，长期的结果也不尽人意。以康胜淡啤为例，康胜淡啤问世的那年销售达到160万桶，并且每年递增，1984年到了450万桶，成为仅次于米勒莱特的第二大淡啤品牌，成绩辉煌。

可是，普通的康胜啤酒呢？销量一直在下跌。能指望康胜淡啤的侧翼行动给康胜啤酒带来什么好处呢？

事实上，在1976年，当康胜啤酒只有一个品牌时，当时仅在12个州销售，广告投入只有200万美元，销量反而更大。而1984年，康胜啤酒在44个州投入3300万美元的广告费，拥有两个品牌，销量反而更小。又是一个断绝自己财路的例子。

米狮龙也重蹈米勒公司的覆辙。米狮龙淡啤推出3年后，普通的米狮龙啤酒销量到达顶峰，然

当康胜淡啤的销量上涨时，普通康胜啤酒却在下降。如今，康胜淡啤的销量是普通康胜啤酒的4倍。

后开始逐年下跌。它的解决方案？解雇广告公司。

次年，米狮龙淡啤也到达顶峰，从此停滞不前。米狮龙两个品牌4年内相继衰败，这再次证明品牌延伸没有好处，也许反而更糟。

再以百威啤酒和百威淡啤为例。安海斯－布希公司很幸运，因为相比之下，百威淡啤比较令人失望，未能有效侧翼包抄百威啤酒。直至20世纪80年代中期，百威淡啤都未曾超过"啤酒之王"销售额的10%。安海斯－布希公司并不是没有努力过，企业每年为百威淡啤投入5000万美元的广告费，是百威普通啤酒每桶广告费的9倍。

百威啤酒继续高速发展，销量是行业第二品牌米勒莱特2.5倍，这还是在遭到百威淡啤伏击之后的成绩。

其他品牌的普通啤酒和淡啤的情况如何呢？没有证据可以表明其他品牌采纳了我们关于品牌延伸的忠告。恰恰相反，它们仍在不断削弱自己的品牌。

厄运日在山顶聚集以等待世界末日的教徒们，次日的到来不会动摇他们的信念。第二天下山时，他们对全能上帝的慈悲更加深信不疑。

啤酒滞销时，啤酒企业不会怪罪品牌名不好，只会责怪产品本身或广告。啤酒企业会猜测："肯定哪里出了问题，要么是啤酒的口味，要么是广告。"

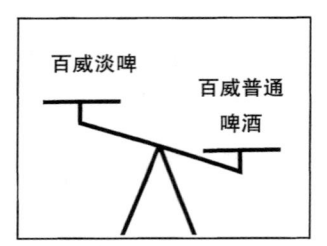

一段时间后，百威遭遇了同样的状况。当百威淡啤销量上涨时，百威啤酒却在下降。2001年，百威淡啤销量超过百威啤酒。2006年，百威淡啤的销量比百威啤酒高37%。

乔治·桑塔亚纳㊀（George Santayana）说："忘记历史的人注定要重蹈覆辙。"

重装旅的冲锋

目前，啤酒行业正在加速犯着同样的错误，只是产品方向与淡啤相反。

重装旅的头一批冲锋者是"米狮龙经典黑啤"（Michelob Classic Dark）和"康胜特级金啤"（Coors Extra Gold），二者又陷入了典型的"品牌延伸"陷阱之中。

特别是康胜，它的头脑更应该清醒一下。第五位的啤酒公司无法支撑两个全国性品牌，更别说三个了。

你可能已经料到，虽然康胜淡啤已是美国销量第三的啤酒，但康胜特级金啤却毫无建树。为什么企业家不愿意让已经做得很好的事情保持原状呢？我们猜测他们沉迷于推新产品的兴奋之中，以此建立个人功绩。此外，啤酒行业真的需要这些品牌延伸产品吗？实际上，过去20年间，人均啤酒消费量在不断下降，从1980年的24.3加仑降到2006年的21.7加仑。

㊀ 乔治·桑塔亚纳（1863—1952），西班牙裔美国哲学家和作家，主要以关于美学、道德、精神生活的理论著作出名。——译者注

MARKETING WARFARE

第 13 章
13

汉 堡 战

不要轻信有不会流血牺牲的战争。如果血腥的杀戮是一种恐怖的场面,那么它只会让人对战争更加敬畏。

——卡尔·冯·克劳塞维茨

1984年，仅麦当劳一家企业就在电视上投放了超过2.5亿美元的广告，几乎一天就是68.5万美元，一小时就是2.9万美元。不知道麦当劳得卖掉多少个汉堡才能收回这笔支出。

这家巨头是如何起步的呢？故事始于咖啡店。在美国，这种咖啡店在任何乡村和城市都很常见。

它们通常是夫妻店，一个柜台，加上六七张桌子。称其为咖啡店有点名不副实，因为店里出售食品和饮料，有火腿和鸡蛋、熏肉和生菜三明治、圣代冰激凌，当然还有汉堡包、芝士汉堡和炸薯条。

每个城市的咖啡店都有自己的特色，费城的特色是牛肉奶酪三明治，波士顿是蛤蜊浓汤，在南方地区是玉米粥。在这场商战中，竞争者都在开展游击战，各自严守自己的阵地（游击战的第一条原则：找到一块小得足以守得住的阵地）。

麦当劳的诞生

自雷·克洛克（Ray Kroc）在伊利诺伊州的德斯普兰斯创办了第一家麦当劳之后，这一行业注定将在短短数年内发生翻天覆地的变化。

克洛克成功地向地区性的咖啡店发动了进攻，然后迅速把业务扩展到全国。

在那个年代，咖啡店出售几乎所有方便、简易和廉价的食品。从军事角度看，它们战线拉得

麦当劳的第一家店获得了巨大成功。不幸的是，麦当劳的潜在竞争对手并没有到前线侦察其行动。等到麦当劳牢牢树立了市场地位，它们才开始发展竞争性连锁店。所以说，想要封杀竞争对手，必须尽早行动。

第13章 汉堡战

太长，因此防线薄弱。

克洛克做出的决定显而易见，他攻击了咖啡店战线的核心市场（咖啡店菜单上最常见的是哪种食品？当然是汉堡和它的近亲芝士汉堡）。

克洛克的汉堡连锁店由此诞生。在缺少竞争的情况下（除了那些弱小的咖啡店），他雄心勃勃，迅速扩张，甚至不惜借高利贷来实现他的梦想。

抢先扩张！这一点最为关键，它确保了麦当劳的成功，最终使麦当劳主导了汉堡业。今天（1986年），麦当劳的销量超过了汉堡王、温蒂和肯德基的总和。

营销专家在解释麦当劳的成功之道时，总是归功于企业严格的标准和流程，对卫生的苛刻要求，以及伊利诺伊州艾尔可格罗夫的"麦当劳汉堡大学"对加盟商进行的严格培训（每个毕业生都必须获得"汉堡学士"学位，并"辅修炸薯条"）。

这些解释没有抓住重点。上述种种做法，只有在麦当劳集中兵力取得领导者地位这一战略下才能发挥最大作用。麦当劳之所以能成为领导者，是因为它第一个去抢占汉堡山头，并通过迅速扩张而保持领先。

仅仅烤制出更好的汉堡无法成为汉堡业的领导者。实际上，就算麦当劳的汉堡不比别人好，也能保持领导者地位，因为领导者地位让它有充足的时间修正任何错误。

麦当劳的商标一直没变——金色拱门（the Golden Arches），而汉堡王则放弃了它的经典字体标志，花费数百万美元推出了斜体字版的品牌标志。汉堡王究竟在靠什么战略与具有压倒性优势的麦当劳竞争呢？我们不知道。难道靠新的标志和字体吗？不要把钱花在更换部队制服上，要把钱花在为自己的部队配备更好的武器上。

在 20 世纪 70 年代，麦当劳在一份机密文件中坦率承认，根据民意调查，"顾客认为汉堡王的品质明显高出麦当劳"。

媒体总是试图找到市场领导者成功的秘密，结果编造出很多商业神话。从情感上讲，人们似乎不愿意接受这种解释，即麦当劳的成功不过是第一个出击并且运用了兵力原则。把成功归结于汉堡大学，或者是麦当劳叔叔罗纳德·麦当劳（Ronald McDonald）这一人物形象，再或者是电视广告里那些生动演示的演员，是更容易让人接受的答案。

优秀的企业家不会阻止这些说法，而更多是鼓励。他们知道高昂的士气能创造出气势，让获胜的军队不断打胜仗。乔治·斯科特饰演的巴顿将军说："现在我们有世界上最好的食物、最精良的装备、最高昂的士气，还有最棒的士兵。天哪，我还真可怜我们要对付的那帮家伙！"

领导者对员工说："没有你，我们无法完成任务。"这是领导艺术，不是战略。而战略家心里明白："没有你，我们照样行。"

很多管理者仍在混淆领导力和战略之间的不同，而这对那些市场领导者是有利的。然而，领导力和战略之间的混淆，会让"哈迪斯"（Hardee's）、"汉堡厨师"（Burger Chef）以及汉堡战中其他游击企业误入歧途。

商业神话制造了错误的幻觉。例如，有的汉堡企业在想，"假如我们能烤制出比汉堡王更好的汉堡包，或者提供比麦当劳更优质的服务，我们就能……"这种白日梦仍在继续。

汉堡战就像其他商战一样，产品只是承载战略的工具。你不能从"更好的产品"角度思考问题，而应从"不一样的产品"入手。

汉堡王的战略

第一家针对麦当劳发动有效战略的快餐连锁店是汉堡王。

麦当劳成为美国最大的快餐连锁后，不再处于进攻态势，而是转向了防御。发动进攻战的机会落在了第二品牌汉堡王身上。

进攻战第二条原则：找到领导者强势中的弱点进行出击。麦当劳的强项是汉堡，它标准统一、服务快速、价格低廉。

或者像麦当劳产品线中最受欢迎的"巨无霸"汉堡的广告语，通常在读的时候一气呵成："芝麻圆面包加两个纯牛肉饼，撒上特制酱汁、生菜、干酪、泡菜和洋葱"（在印刷品广告中，麦当劳还在广告词上加了一个很小的"TM"字样，表示这是注册商标）。

麦当劳强势中的弱点是什么？显然，是麦当劳用来快速提供廉价汉堡的流水线系统。如果你想要点特别的食品，就必须排在单独服务柜台前，等待服务员回到制作间，调试系统特别定制。

20世纪70年代初，汉堡王针对麦当劳的弱点制定了一个战略。汉堡王打出广告："我选我味，不加腌菜，不用调料。"能满足你的任何要求。广告承诺，顾客在汉堡王点餐时，如果想要点特别的食品，不会感觉自己像被遗弃了一样。

汉堡王的销量证实了战略的正确性。"我选我味"的广告语成功地从服务和酱料两个方面把汉堡王和麦当劳区隔开来。注意，麦当劳受到了夹

"我选我味"从根本上看是一个将汉堡王同麦当劳区隔开来的好方法，但不利因素超过了有利因素。快餐店最不该做的就是放慢服务速度，而这正是定制汉堡的软肋。

击,因为它无法更换那些精心设计好的系统,从而像汉堡王那样为顾客提供任意调配的汉堡。

这里有一条衡量优秀进攻战略的标准,问问你自己:防御方能在不削弱自己优势地位的条件下跟进你吗?强势通常也意味着弱点,但是你得找到强势中的漏洞。

麦当劳推出炸鸡

20世纪70年代,麦当劳增添了鱼肉、烤肉和煎蛋等。这是麦当劳的产品延伸时期,它寻求各种方法来吸引新顾客和提高人均消费。

尽管这些目标很诱人,但也很危险。战线拉长,核心业务就会薄弱。另外,如果人们想吃炸鸡,干嘛不去肯德基呢?

麦当劳第一次推出的两大延伸产品,即麦香鸡和猪排堡,结果全部失败。

接着,麦当劳又推出麦乐鸡块,获得了成功,增加了销售额。可是,新的鸡肉产品花费了麦当劳大量的精力及数百万美元的广告投入。

令人诧异的是,肯德基没有对麦乐鸡块做出相应的回击。直到8年后,肯德基才推出了与麦乐鸡块相似的产品。当然了,名字也只是很普通的"炸鸡块"。

防御战第三条原则:必须封锁对手的强势进

麦当劳做了很多产品延伸,要是它没有在菜单中增加那么多产品会怎样?结果也许会很有意思。幸运的是,有一个汉堡连锁品牌坚持了麦当劳最初的理念,它叫In-N-out汉堡店,位于加利福尼亚和其他几个西部的州。In-N-Out汉堡店只卖汉堡、薯条和饮料,但其单店平均销售额(1 976 990美元)高于麦当劳(1 632 000美元)。

攻。肯德基浪费了8年的时间,在这8年中,它完全可以利用麦当劳的广告把生意夺过来。

推出麦满分和麦乐鸡块这两种延伸产品在战略上是有区别的。

早餐时间生意冷清,对汉堡店来说,无论供应什么早餐产品(比如麦满分),只要能把顾客吸引进来,都是很好的战略。然而,像麦乐鸡块这种午餐或晚餐品种,会和自己的汉堡产品抢生意,那为什么还要花数百万美元让本来要买巨无霸的顾客转而买麦乐鸡块呢?

不管是麦当劳还是其他连锁店,都没有想清楚它们的各种产品之间的差异。每家企业都有三类产品:一种是打广告的产品,另一种是做销量的产品,还有一种是赚钱的产品。仅仅因为某个产品卖得出去或者能赚钱,甚至能赚大钱,就为它打广告,是一种浪费。

电影院会为它所出售的爆米花做广告吗?当然不会,它只为播放的电影做广告,然后在爆米花和饮料上赚钱。汽车经销商打广告时会标示低配车的价格,但它们不希望以这种方式卖,因为它们知道,真正的利润是在汽车的加配上,如自动变速箱、助力制动器、收音机和其他配件。

麦当劳扩充了菜单,于是如今的麦当劳变成了"另一家咖啡店",这让竞争对手有了可乘之机,它们可以通过产品聚焦来进攻麦当劳。

从概念上来讲,一家汉堡连锁店打汉堡广告,卖汉堡和薯条,在软饮料上赚钱,这就是盈利模式。只要孩子们把店内90美分一杯的可口可乐喝个够，所有其他产品就都能保本。

许多企业犯的最大错误就是混淆了什么是做销量的产品和什么是打广告的产品。只要顾客进了店，你向他出售任何产品，问题都不大。但是，如果某款产品会削弱品牌的定位，那为它做广告就是个极大的错误。出售鱼肉三明治是一回事，给鱼肉三明治做广告是另一回事，尤其是这款产品削弱了"汉堡连锁店"这个定位。

麦当劳是以汉堡进攻咖啡店战线的核心产品而腾飞的。假如麦当劳为了追逐外围生意，结果把自己变成了像咖啡店一样出售所有食品的连锁店，那就太有讽刺意味了。

汉堡王说："我们也是。"

随着20世纪80年代的来临，汉堡王开始模仿麦当劳的经营。汉堡王的一位高层曾说："我从没有见过一位竞争对手能获得如此多的关注。麦当劳做的事情，我们也要做；麦当劳没有做的，我们也不做。"

汉堡王不断推出各种昙花一现的三明治，从牛肉意大利干酪到烧牛肉，更别说火腿和奶酪、脱骨炸鸡、炸鱼片和牛排了。上述那位高管说："我们迷失了自我。"

加盟商没有被打动，他们不断提醒管理部门，品牌的名称是"汉堡王"，而不是"三明治王"。

汉堡王甚至还模仿麦当劳，推出了一名为"魔幻汉堡王"的人物形象，以此吸引孩子们和他们的父母。

到1982年，汉堡王的销售增长速度开始放慢，那年它的税前利润只提高了8%。相比之下，麦当劳的税后利润上升了15%。

销售产品是一回事，实现利润则是另一回事。最后，母公司派人进行了接管，取消了一部分稀奇古怪的三明治，但是最大的改变还是在广告上。

汉堡大战

汉堡王又一次袭击了麦当劳战线的核心。这是典型的进攻战略，即攻击战线拉得过长的领导品牌的固有弱点。

汉堡王最有效的一则广告是它暗示：与麦当劳相比，汉堡王的汉堡味道更好，因为它的汉堡是烤制的，而麦当劳是油炸的。"火烤而非油炸"的广告一经打出，立即吸引了公众的注意力，麦当劳的律师也迅速提出诉讼。

这对汉堡王来说最好不过。麦当劳的激烈反应把汉堡王进攻麦当劳的广告运动推向高潮，引发了全美三大电视网、数十家电视台和报纸的报道。

汉堡王的销售有了飞跃，比前几年平均增长了10%，而麦当劳只增长了3%。也许增长数字本身并不大，但是在竞争激烈、广告投入庞大的汉堡市场上，汉堡王取得如此成果已经不错了。虽然汉堡王无法赶上麦当劳的广告预算，但也筹措了1.2亿美元的电视广告经费。

汉堡王在忙于发动进攻的同时，另外一家连锁店也在运用不同的商战战略。

"烤制，非油炸"是汉堡王发动的最佳战役，绝对应该长期坚持下去。并且，汉堡王应该在门店强化这个概念，甚至要把餐厅的招牌由"皇堡之家"改为"烤汉堡之家"。

侧翼包抄麦当劳

肯德基的一位前副总裁创办了温蒂,直到1969年,它的第一家老式汉堡店才开业。尽管起步晚,温蒂针对汉堡市场的成人顾客群发动了侧翼进攻,迅速发展起来。

温蒂把目光投向成年人,在舒适的环境中提供适合成人的产品。在温蒂,没有给孩子们提供的免费气球和帽子。温蒂的"我选我味",就意味着"没有泡菜,没有调料,没有孩子"。温蒂最小的汉堡包是1/4磅重的方形牛肉汉堡,牛肉饼的4个角都伸到了面包外面。

温蒂打出的广告宣称自己的汉堡"热而多汁",开始将成人汉堡的定位植入心智。广告中说,温蒂的汉堡会让你用掉"许多张餐巾纸"。家长不会让孩子吃这种汉堡,因为回家后不得不给孩子们换掉弄脏的衣服。

很快,温蒂的利润率几乎达到快餐行业平均利润率的两倍,紧逼汉堡王。实际上,温蒂的单店利润超过了汉堡王。

随后,温蒂的电视广告中出现了80多岁的克拉拉·佩勒(Clara Peller),再没有别的广告语能如此激发公众的想象力了,这句广告语是:"牛肉在哪儿?"

"牛肉在哪儿"使温蒂1984年的销售额增长

克拉拉·佩勒去世后,温蒂就停用了"牛肉在哪儿"的口号。我们认为这是错误的,优秀的定位永不过时。看看那些持续成功的广告语:"钻石恒久远"(沿用了57年),"万宝路的世界"(沿用了51年)以及"终极驾驶机器"(沿用了33年)。

了26%。这是在数年内第一个成为流行语的广告语，连沃尔特·蒙代尔⊖（Walter Mondale）和一些名人都挂在嘴上。

使温蒂销售额上升的根本原因是，这条广告语传递了温蒂的战略核心，即适合成人的更大汉堡。

温蒂下一步的行动证明了战略应该决定广告，而不是反过来。"牛肉在哪儿"的广告团队接着制作了"部分就是部分"的广告，打击竞争对手的鸡肉制品是采用鸡各部位的肉加工而成的（温蒂提供的是"百分之百天然的脱骨鸡胸肉"）。

温蒂的新广告显然搞错了战略方向，它的战略不应该是鸡肉。温蒂应该请回克拉拉·佩勒，并重新宣传牛肉汉堡。在侧翼战中，追击与进攻同等重要。

低价位游击战

如果没有"白色城堡"（White Castle），汉堡战的论述就不够完整。

"白色城堡"创建于1921年，位于美国东北和西北地区，是一个拥有170家门店的小型连锁店，经营方式多年来一成不变。

"白色城堡"依然存在，这证明了小企业采取游击战的威力。2006年，它的单店平均业绩为1 308 300美元。

⊖ 沃尔特·蒙代尔，生于1928年，美国卡特总统时期的副总统（1977~1981年）。——译者注

有一位顾客说:"世界上没什么永恒的东西,可是每当我去'白色城堡'时,总能见到我 5 岁时吃过的那种汉堡包……都过了 35 年了。"

老顾客把"白色城堡"的汉堡叫作"滑堡"(Slider),能引起怀旧情绪的汉堡自有它的吸引力。更为难能可贵的是,平均每家"白色城堡"店的年营业额为 128 万美元,这比麦当劳还高。

游击战的第二条原则是:无论多么成功,绝不能像领导者那样行动。"白色城堡"没有麦满分,没有特大汉堡,没有 4 种馅的烤土豆,也没有汉堡大学。

只要你的战略得当,经营汉堡的方式可以有很多种。"白色城堡"也因此能与比它强大的竞争对手和平共处。

MARKETING WARFARE

第14章
14

计 算 机 战

在战争中，出于仁慈之心而犯的错误是最严重的。
——卡尔·冯·克劳塞维茨

计算机行业中的"可口可乐"是IBM，这位"蓝色巨人"的防御战略比"红色巨人"（可口可乐）更胜一筹。

IBM总是不断地把对手击倒在地。学过商战的人就不会责怪IBM的这种行为，因为IBM没有"心慈手软"的理念。

"和平共处"不是IBM的信条。如果形势需要，IBM会毫不犹豫地击垮对手。如果有人想批评IBM的做法，先得全面了解计算机战的性质。在IBM历史上的几个关键战略节点上，若不是正确使用兵力，公司将会付出惨重代价。

对待竞争对手，不应给它喘息之机。要知道：放虎归山，必有后患。

斯佩里·兰德公司对阵IBM公司

1943年，宾夕法尼亚大学的一位教师和研究生研制出了第一台电子数字计算机，将其命名为"ENIAC"，即"电子数字积分计算器"（Electronic Numerical Integrator and Calculator）的简称，这台30吨重的怪物运算速度比最快的模拟机快1000倍。

那位教师名叫约翰W.莫奇利（John W. Mauchly），研究生的名字是J.普莱斯普·艾克特（J.Presper Echkert）。他们把企业出售给了斯佩里·兰德公司（Remington Rand）之后，又研制了其他计算机，其中包括于1950年研制成功的著名"UNIVAC"计算机。

1951年，斯佩里·兰德公司的Univac事业部推出了世界上第一台商用计算机（卖给了美国人口普查局）。几年后，IBM进军计算机市场，加入了计算机大战。这场战斗至关重要，它决定了20世纪最重要产品的发展控制权。

这个问题很快得到解决，两家还相对较小的公司，一次短时间的小冲突中就决定了未来。双方都有自己的优势之处，斯佩里·兰德公司拥有技术领先优势，而 IBM 在商务市场的地位稳固。任意一方都有可能获胜，这取决于谁在行业发展的早期付出更多的艰苦努力和全力以赴。IBM 最终取得领先，此后一直盘踞着领导地位。商战可不是篮球比赛，两支队伍的比分可以交替领先。

商战更像军事战斗。克劳塞维茨说过："战斗过程更倾向于慢慢打破均势，而不是像那些被误导的人常设想的那样来回振荡。"

大多数的管理者都没有机会参加像 20 世纪 50 年代 IBM 和斯佩里·兰德公司之间的那场奠基之战。如果你真的有这种机会，别忘了克劳塞维茨的话："指挥官必须在第一场战斗中倾尽全力，并努力凭此大获全胜。"

优秀的商业领袖最关注的是，必须尽早在战斗中建立优势地位。就像下象棋一样，在开始阶段吃掉对方一个兵，往往就能保证最后的胜利。

在对斯佩里·兰德公司的战斗中获胜后，IBM 巩固了它的战果。虽然不断有其他企业进军计算机行业，IBM 仍能年年占据计算机行业 60%～70% 的份额。人们开始把计算机行业的这种格局称为"白雪公主和七个小矮人"。

20 世纪 70 年代初，其中一个"小矮人"第一次向 IBM 堡垒发起了全力进攻。然而，它没有对 IBM 构成威胁，战斗场面反而像是 1854 年巴拉克拉瓦战役的重现。

UNIVAC vs. IBM

我们弄错了，是雷明顿·兰德公司的 Univac 而不是斯佩里·兰德公司的 Univac。1955 年，雷明顿·兰德与斯佩里·兰德合并，组建了斯佩里·兰德公司。1979 年，企业更名为斯佩里公司。1986 年，斯佩里和宝来公司（Burroughs）合并，组建了优利公司（Unisys）。如此反复的更名不仅削弱了品牌力量，也把本书的作者搞糊涂了。

单靠模仿领导者是不可能获胜的,然而各家企业总是执迷不悟,它们总是发掘IBM的做法,然后加以模仿。美国无线电公司(RCA)甚至雇用了IBM的前任高管来管理自己的计算机业务。

正确的做法恰恰相反,只有与领导者对立的战略才能获胜,即找出领导者强势中的弱点,或者发动侧翼战,或者打游击战。无论何种战略,都需要集中兵力获得相对优势。

美国无线电公司和通用电气公司被"蓝色巨人"的巨浪吞没后,就只剩下5个竞争对手,它们合称"BUNCH"[○]。哪一个能对IBM构成威胁?显然,这几个都不行。

DEC 对阵 IBM:第一回合

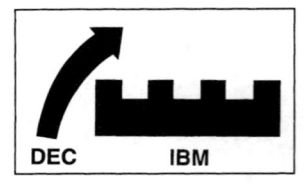

DEC 在低端市场向 IBM 发动了侧翼战。

正当各大企业绞尽脑汁企图从IBM的大型计算机生意中分一杯羹时,一家刚刚诞生的小企业正赢取计算机行业的另一场重大胜利,那就是美国数字设备公司(DEC),它运用的是典型的侧翼包抄战略。

IBM生产大型计算机,DEC生产小型计算机;IBM面向最终用户,DEC面向OEM(原始设备

○ "BUNCH",即宝来公司(Burroughs)、尤尼维克(Univac)、全美现金出纳公司(NCR)、控制数据公司(Control Data)和霍尼韦尔公司(Honeywell)。——译者注

制造商）；IBM 供给软件，DEC 则假装不知道软件为何物。这正是大众汽车和一些企业所运用的侧翼战。

1965 年，DEC 推出 PDP-8，这是小型计算机系列的第一款机型。这些小型计算机产品后来在科学研究、教育、工业控制和医疗领域得到了广泛应用。

随后，IBM 犯了一个罕见的错误，它没有及时封锁 DEC 的进攻。防御战第三条原则：必须封锁对手的强势进攻。

领导者在低端市场更容易遭到侧翼包抄。IBM 的自大影响了它的判断力，它觉得，若没有 IBM 的软件和技术支持，有谁愿意买那些廉价的半成品小型计算机呢？

实际上，成千上万的企业都想买，而且真的买了。DEC 小型计算机的销量以火箭般的速度飞升，DEC 公司成为股市的宠儿，其销售额即将突破 40 亿美元大关。

惠普公司、通用数据公司、霍尼韦尔公司以及其他一些企业都一窝蜂地加入小型计算机的行列，唯独 IBM 没有。直到 1976 年，这位"蓝色巨人"才第一次推出了小型计算机系列。

即使是 IBM 也无法在浪费了 11 年后期望反超 DEC，IBM 在小型计算机市场的份额从未超过 10%，而 DEC 则继续以 40% 左右的市场份额主

DEC 成为全球第二大计算机企业。你无法通过模仿领导者而成为第二名，要站在领导者的对立面才行。这是一条对大多数行业都适用的通行法则。

导这个市场。

20世纪70年代末，计算机行业再次发生变化。苹果公司、睿侠（Radio Shack）和康懋达公司（Commodore）这些年轻的后起之秀给计算机行业字典里添加了一个新词：个人计算机。

这一幕就像《圣经》中牧羊人大卫对巨人歌利亚的战斗的重演。

DEC对阵IBM：第二回合

当整个计算机行业开始向8位微处理器或"芯片上的计算机"发展时，DEC和IBM都在冷眼旁观。很快就涌现出了许多生产微型计算机、个人计算机或家用计算机的企业。

这些小玩意是什么？人们能用它们做什么？是把它们放在家里玩游戏，还是在学校用来学习计算机课程？抑或是在办公室里进行文字处理和记账？

答案是：以上诸事都可以做，而且还远不止这些。实际上，微型计算机（个人计算机或家用计算机）是一种小型的通用计算机，一台价值只有几千美元的个人计算机，就可以完成过去价值100万美元的大型计算机才能完成的诸多工作。

这本应是属于DEC的领地。回顾这段历史，现在很容易得出结论：DEC本应该对它的小型计

DEC本应全力保卫自己所拥有的强势地位，它曾是世界上最大的小型计算机制造商。我们当时力劝DEC的总裁肯尼斯·奥尔森（Kenneth Olsen）率先推出16位的商用计算机，我们建议"对IBM先发制人"。但是奥尔森认为迟一些推出会更好，他说："那样的话，我们可以推出配置更好的产品来攻击它。"但在商战中，"抢先出击"与"更好的产品"之间，"抢先出击"往往获胜。

算机领地进行防守。假如你精通战略，你在当时就能知道 DEC 应该这么做。

20 世纪 70 年代末，DEC 的地位空前强大。也许是早期没有受到 IBM 的封杀，使得 DEC 有点过于自信了。

用军事术语来说，DEC 已经完成了侧翼战，应该转入防御战，来防守它的小型计算机领地。防御战第二条原则：最佳的防御就是有勇气自我攻击。DEC 本应该推出微型计算机，向自己的小型计算机发起进攻。

然而，DEC 没有勇气，或者说缺乏远见。DEC 总裁肯尼斯·奥尔森说："个人计算机将在商战中被打倒在地。"

继亨利·福特未能阻击通用汽车的高端侧翼战后，这可能是美国商业史上最重大的误判了。

奥尔森总裁是一位计算机天才，但是天才也有出错的时候。菲奥雷洛·拉瓜迪亚（Fiorello LaGuardia）曾说："我没有犯过太多错误，一旦我犯了错误，它就是'绝妙'的！"⊖

假如 DEC 能尽早并坚定地推出个人计算机，它很可能成为计算机行业的一个巨人，也许比"蓝色巨人"还要大，因为当时大多数的商业人士都忽视了一个重要因素——个人计算机并非为

> **捷威裁员 2500 人，关闭 188 家零售店**
>
> 这是 2004 年 4 月 2 日《纽约时报》的一则新闻标题。捷威（Gateway）是众多开设零售店的计算机制造商之一，却不得不在几年后又把它们关闭了。从战略上看，计算机制造商开设连锁零售店显然是错误的：企业不仅因开设第二战线而分散兵力，而且还和原有零售商构成竞争关系。然而，这种扩张渠道的冲动格外强烈。制造商开设零售店通常行不通，捷威很可能不是最后一家认识到这个问题的企业。我们预计，苹果在它炙手可热的 iPod 销售趋于平淡之后也将会从中吸取教训。

⊖ 菲奥雷洛·拉瓜迪亚，美国政治家，因推行社会改革，名声大振。——译者注

"个人"用的，而是作为在家里或办公室里的商用计算机。而且，当时市场上缺乏拥有商用信誉的个人计算机制造商，现有的制造商都只有家用计算机或计算机爱好者方面的信誉。

通用汽车公司会为它们的办公室配备无线电广播公司的TRS-80型计算机（计算机爱好者为其取了个昵称"Trash 80"）吗？还是配备康懋达公司的Commodore Pets型，抑或是"苹果Ⅱ"型（Apple Ⅱ）？

当IBM加班加点准备推出IBM个人计算机之时，DEC仍旧毫无作为。DEC本应当集中精力保卫自己的小型计算机领地，可是它却把兵力分散到了四个互不相干的领域中。

第一，DEC开了一些零售店，与睿侠、计算机天地和成千上万的独立商家竞争。这是对那些步步为营的竞争对手们很无力的进攻。

第二，DEC冒险进军文字处理器领域，试图同强大的王安电脑公司（Wang）以及这一领域的专家品牌相对抗，如CPT、NBI和Lanier。

第三，DEC继续提升小型计算机的性能，结果和IBM的大型计算机展开了直接竞争。高性能小型计算机的阵地耗费了DEC大部分的人力和资源。

第四，DEC花费大量精力和资源开发复杂的办公自动化系统。

在财政方面，DEC拿出2400万美元资助特罗奇有限公司（Trilogy Ltd），这是一家由吉恩·阿姆达尔（Gene Amdahl）创办的高科技企业，企图研制超高速计算机，用来与IBM最先进的大型计算机抗衡。

一方面，DEC在小型计算机主业的周边产品进行多项风险投资；另一方面，DEC却拒绝投资真正能保卫其业务根基的个人计算机。

1980年，DEC是世界上最大的小型计算机制造商。1981年，IBM推出了个人计算机。

DEC 对阵 IBM：第三回合

IBM 的个人计算机一经推出就取得了成功。世界并未因此而感到惊讶，传统的观念将这一胜利归功于 IBM 自身的强大，然而事实并不尽然。

当然，IBM 在计算机领域占据着优势地位，但那是在大型计算机领域。IBM 在小型计算机方面并无信誉，小型计算机市场是 DEC 的天下。然而，由于 DEC 的缺席，IBM 夺取个人计算机市场根本没有遇到任何阻力。接着人们注意到了从一开始就显而易见的一点：个人计算机更适用于商用市场，而不是家用市场。

1983 年 1 月的《时代周刊》授予 IBM 的个人计算机"年度风云机型"的称号，那是 IBM 称霸个人计算机的巅峰时刻。

运气在商战中起了很大作用，虽然多数专家都不会承认这一点，甚至像 IBM 这样的大企业也需要靠运气。从最初的 Altair 计算机到 IBM 个人计算机，这 6 年间，根本没有任何拥有商用市场信誉的企业推出任何像样的商用计算机。

虽然期间对 IBM 有过两次小规模的进攻，但是都没有起什么大的作用。1980 年 1 月，惠普公司推出了 HP-85 型计算机，这是苹果 II 的一种简易翻版，但这款产品是作为科研和专业计算机引进了市场，而不是一款商用机型。1981 年 7 月，施乐公司推出了 820 型计算机。然而在顾客心智中，"施乐"是一家复印机企业，仅靠炎热夏日里一个月的时间很难改变这个认知。一个月后，即

1981年8月12日，IBM投下了它的个人计算机炸弹，战局骤然发生转变。

作为第一家推出个人计算机的商用计算机企业，IBM迅速控制了战局。没有一家企业捍卫这个（个人计算机）市场，因为没有一家企业主导了这个市场。另外，由于成千上万的商务人士早就开始从家用计算机企业（如苹果和睿侠）那里购买个人计算机，个人计算机已是个现成稳固的市场。

当IBM在低端市场积聚势能后，DEC和惠普公司的机会便丧失殆尽。

在此16年前，DEC成功地利用小型计算机对IBM进行了侧翼包抄，而现在，IBM运用同样的战略，以个人计算机成功地对DEC进行了侧翼包抄。

直到1982年5月10日，DEC才对IBM加以回应，推出了自己的个人计算机。但在推出过程中，DEC却犯了一个根本性错误。

这一次，DEC是进攻方，它必须找到IBM防线的漏洞。进攻战第三条原则：尽可能地收缩战线。然而令人难以置信的是，DEC推出了不止一款个人计算机，而是三款，即Rainbow（彩虹）、Professional（专业版）和DEC mate（伴侣）。全线产品是领导者才有资格享受的奢侈。三款产品的战略由于缺乏焦点，注定要失败。

有时防御方可以通过推出全线产品来盈利，然而，进攻方推出多产品几乎总是错误的，正如DEC所做的。

到 1984 年，IBM 个人计算机的销量超过了 DEC 的 10 倍。由于库存积压越来越多，DEC 不得不于 1985 年年初停止 Rainbow 的生产（要知道 Rainbow 是这三款机型中最畅销的一款）。

在这场战斗初期，肯尼斯·奥尔森曾说，DEC 并不介意最后一个进入市场。其寓意很明显，那就是最后进入者可以对其产品配置、功能和价格加以调整，以胜出竞争对手。

这反映了管理者头脑中一种根深蒂固的观念，即在商战中，总是想凭借更好的产品来获得市场胜利。然而，大多数的计算机专家认为，与先前的 Altair 和苹果计算机不同，IBM 个人计算机并未给市场上带来任何技术创新，IBM 运用了其他每个企业都能用的武器赢得了这场个人计算机大战。

这种情形同真正的军事战争并无二致。第二次世界大战中盟军的取胜难道是因为拥有比德军更先进的武器吗？美国在越南战场上的失败难道是因为武器落后吗？兵力原则决定了军事战局，同样它也决定了个人计算机大战的胜败。

然而，计算机行业还得再次学习这个深刻教训。

十几年后，DEC 公司的创始人被迫出局，DEC 传奇就此结束。1992 年 7 月 17 日《今日美国》刊发了题为《肯尼斯·奥尔森一手打造的王国正在崩塌》的文章。一次战略失误（未能及早推出个人计算机）有可能导致一家伟大的企业走向消亡吗？我们认为是的。

所有竞争对手对阵 IBM

所有的竞争对手几乎都立即开始用广告对

IBM 展开愚蠢的攻击。

"Dimension 是您能买到的性能最强大、兼容性最好的个人计算机。"这是某个广告的大标题。广告正文里说:"我们的价格与 IBM 几乎相同,选择 Dimension 一定物超所值。"

另一个竞争者在广告中称:"如何花 1995 美元就能买到一台 IBM 个人计算机?买 Chameleon 计算机。"

个人计算机战带来企业自负中最糟糕的一种情况:装腔作势。

"与 IBM 和王安电脑较量不能光凭胆魄",显然这是 Syntrex 计算机试图在广告中证明它的男子汉气概(说得对,Syntrex,你不能只凭胆魄挑战 IBM 和王安电脑,你需要钱,而且是大量的钱)。

"买商用计算机,为什么选择一个你从未听说过的品牌?" TeleVideo 电脑的一组 3 页的广告中提出了这个问题。该广告介绍了它的系统,"和你听说过的计算机品牌一样的价格,但具有更强的性能和更高的可靠性"。

不仅是无名小卒,那些声名显赫的大企业也扑向了 IBM。王安电脑在某次活动中声称"我们要向 IBM 开炮,我们已经准备好向 IBM 发起正面攻击。"

甚至 AT&T 也向 IBM 开了炮,它在某则广告

这是 Syntrex 正面攻击 IBM 和王安电脑的广告。能这么做,不仅需要胆魄和资金,还要在战略上足够愚蠢。

这是王安电脑攻击 IBM 的广告。

中说:"在个人计算机竞赛的这个阶段,你实在应该了解各家的得分情况。"运行速度、可扩展性、图形能力和兼容性等特性构成了计算机的评分卡,比分如何呢? AT&T 对 IBM 为 5:0(市场销售业绩上 IBM 对 AT&T 的比分为 50:1)。

另一个向 IBM 出击的是得州仪器公司(Texas Instruments)。"得州仪器敢于比较",这是它将其商用计算机与 IBM 做比较时的广告标题。不幸的是,得州仪器以一些重大失败而闻名,例如,在 1983 年它的计算机业务以遭受了 6.6 亿美元的损失而告终。既然你都无法同雅达利(Atari)、康懋达和苹果相抗衡,又怎能奢望同业界的大金刚一较高低呢?

睿侠在《华尔街日报》中用整版的广告吹嘘它的 Tandy 2000 机型:"性能明显优于 IBM、AT&T、康柏、苹果和惠普。"

各个品牌都在宣称它们的个人计算机比 IBM 的更好。一家名为"领先优势"(Leading Edge)的企业做法更为夸张,它们的广告标题为"IBM 个人计算机过时的那一天",内容为"就在 1983 年秋天的一个星期一。在这一天,我们推出了领先优势个人计算机,这款个人计算机明显优于 IBM 个人计算机,而价格却只有 IBM 个人计算机的一半。"

既然 IBM 个人计算机已经过时了,于是乐于

为什么要给你的个人计算机品牌起名为"睿侠"?为什么要把机型称作"TRS-80"?这会让人读起来像"垃圾 80"(Trash 80)。这类命名只有在缺少竞争的市场上行得通。TRS-80 一度是销量最好的个人计算机(它的广告词为此说自己是"小型计算机中的最大品牌")。这就很容易理解为什么睿侠个人计算机已经不复存在了。

助人的门罗公司（Monroe）告诉你应该怎么处理它。门罗打出广告，"对于一些过时计算机的用途有一些温馨的建议"，它建议人们把IBM个人计算机当作水冷却器或台灯使用，而"微型计算机的新标准是门罗的'系统2000'"。

1982年，各家计算机企业共花了不到10亿美元做广告，而仅仅两年之后，广告费用就激增到每年30亿美元，这比汽车和香烟这两个需要极力宣传的产品的广告费还多。

面对这一连串的进攻，IBM反击了吗？当然没有，因为那些并不是最佳的防御战略。

IBM 对阵 IBM

一旦IBM主导了个人计算机市场，它们就掉转枪口，转入了经典的防御战略：自我攻击。

这适用于吉列，适用于通用汽车，同样也适用于IBM。

让顾客事先知道这个战术实际上帮了IBM的大忙。顾客知道"蓝色巨人"总是不断地推出更新更好的产品，来淘汰它的老产品。

"比IBM产品更便宜、更出色"，实际上就是IBM的战略。竞争对手难以击中一个不断移动的靶子。事实证明，现有顾客和潜在顾客愿意等待IBM的新产品。

这些新产品风头十足地出现在个人计算机战场上。首先出现的是IBM XT个人计算机，它所配备的硬盘驱动器可以让用户保存长达5000页的文本。接着出场的是IBM AT个人计算机，它配备全新的微型处理器。《华尔街日报》报道说："IBM AT给竞争对手和它自己的其他个人计算机带来了巨大的压力。IBM AT的价格低到令人吃惊，但性能非常卓越，它表现出强大吸引力，迫使 IBM 的竞争对手重新审视它们的产品和战略。"文章还说："某位行业顾问预计，IBM AT 将在一年内超过最早的个人计算机和 IBM XT 的销量总和。

面对 IBM AT 的推出，IBM 的竞争对手鸦雀无声了。《纽约时报》报道："IBM 的产品在展览会上所向披靡。"计算机分销商展览会（Comdex），是业界首屈一指的行业展览会，吸引了 10 万名参观者前来参观。该报指出："IBM 的竞争对手没有一个能推出可以与 IBM AT 一较高下的个人计算机。"

难怪《纽约时报》在报道中描述，"计算机展中充斥着凝重的空气"。苹果公司的约翰·斯卡利（John Sculley）哀叹道："看来个人计算机业陷入了一种单调的模式。"IBM 就是这种单调模式的缔造者。

不久之后，那些曾经刊登攻击 IBM 的广告的媒体开始报道那些进攻者的伤亡情况。雷神公司（Raytheon）抛售了它的数据系统分公司，税后损失高达 9500 万美元。计算机设备公司（Computer Devices）、加威兰计算机公司（Gavilan Computer）、奥斯本计算机公司（Osborne Computer）、维克多技术公司（Victor Technologies）和富兰克林计算机公司（Franklin Computer）破产了。

| IBM PC |
| IBM XT |
| IBM AT |

"自我攻击"是市场领导者的战略，这也正是 IBM 对自己的个人计算机系列产品所做的。在 1981 年 8 月推出了 IBM 个人计算机后，紧接着又推出了 IBM XT 和 IBM AT。奇怪的是，这似乎成了 IBM 的绝唱。从那以后，IBM 再没有推出过像 IBM XT 与 IBM AT 那样有影响力的新型个人计算机，这使得康柏乘机抢占了新一代个人计算机的市场。

"一夜好觉"（A good night's sleep）可能是 IBM 最著名的广告。这则广告强化了 IBM 在市场上的认知，它可能更贵，但总是在保护它的用户（没人因为购买 IBM 而被解雇），这一认知也是 IBM 能把它的全球售后服务做得如此出色的原因之一。2005 年，IBM 约 60% 的业务是软件和服务，硬件占比少很多。

皮特尼·鲍斯公司（Pitney Bowes）放弃了文字处理器业务，并遭受了 2250 万美元的税后损失。鹰计算机公司（Eagle Computer）、财富系统公司（Fortune Systems）、哥伦比亚数据产品公司（Columbia Data Products）和矢量图形公司（Vector Graphic）则开始遭受巨额亏损。

恐惧笼罩了硅谷。当 IBM 利用这种局势打出广告"大多数人想从计算机公司得到的是一夜好觉"，就更加重了这种不安宁。

然而，如果以为 IBM 是"全能的"，那便是个错误的想法。企业就和军队一样，只是在所占据的领地上拥有力量。IBM 也是如此。在顾客的心智中，IBM 有一个尚未占领的阵地，那就是家用计算机。

苹果对阵 IBM：第一回合

苹果公司推出的苹果 II 击败了所有竞争对手。这是第一款和软件成套出售的个人计算机，此外，它的"开放式架构"鼓励了成百上千家公司为它设计满足各种应用的软件和硬件。苹果公司很快就占有了个人计算机市场的最大份额，接着它开始应用典型的防御战略来捍卫其领先地位。

首先是苹果 II Plus，随后是苹果 II e。每款新机型都与先前的机型相兼容，每款机型都可以使用

第 14 章 计算机战

同样的软件，每款新机型的问世都是为了淘汰先前的机型（最佳防御战略就是有勇气自我攻击）。

接着出场的是便携式Ⅱe。虽然它不是作为Ⅱe的换代产品而设计的，但是它价格更低、性能更高。所以从这层意义上说，它确实在与Ⅱe竞争。

然而，苹果Ⅲ机型就远非那么成功了，因为它是苹果唯一一款非家用计算机。苹果Ⅲ是为办公室设计的，它没能提供像苹果Ⅱ那样的软件。苹果Ⅲ并不是一款家用计算机的换代产品，更像是补充产品。苹果Ⅲ遭受了行业的冷遇，这是个不祥之兆。

就在这当口，被人们盲目崇拜为万能的IBM推出了PCjr。《时代周刊》报道说："这是家用计算机的总攻日，"该杂志大胆预言，"现在IBM有了放在起居室里的计算机，它将从一个成功迈向另一个成功"。

然而，起居室是苹果计算机的领地。

尽管IBM提供免费键盘改造，且降价1/3，并制作了有查理·卓别林的1亿美元广告，也未能使PCjr腾飞。在总攻日开始后不到18个月，PCjr就完蛋了，它遭到IBM入门级系统分部新任管理层的否决。

PCjr的失败或许伤到了IBM的自尊心，但是对IBM的收入毫无影响。在PCjr推出时的一个

苹果Ⅱ是第一款"配套齐全"的个人计算机。这款产品为苹果公司打造了品牌，同时也为它建立了"家用"计算机的认知。

IBM在商用计算机市场有着强势地位，但是在家用计算机市场则没有立足之地。为什么人们曾经一度认为IBM的家用计算机也能获得成功？单看其取名为"PCjr"就觉得不太可能。

完整财年中，它只创造了大约 1.5 亿美元的收入，同 IBM 460 亿美元的总收入相比，这实在是一个微不足道的小数目。

或许有人认为，IBM PCjr 的失败并非是战略出了问题，而是产品的问题。这种观点可能是对的，然而有大量证据可以证明：如果企业没有占领顾客心智中的制高点，仅有好产品是远远不够的。胜利通常属于控制了心智阵地的那一方。这就是克劳塞维茨的第二个原则：防御优势原则。

当 IBM 试图开设零售店与计算机天地（Computer Land）、微时代（Micro Age）和昂特雷（Entré）等企业进行竞争时，这位"蓝色巨人"又遭遇了同样的失败。《财富》杂志在描述 IBM 的问题时，称"IBM 错闯零售丛林"。

不光是 IBM，DEC、施乐等企业都曾经在零售阵线上遭遇失败。重要的不是企业的规模大小，而是企业所占据的定位。在顾客的心智中，前面这些大企业没有一个在零售上有优势。

苹果对阵 IBM：第二回合

家用计算机市场是一回事，而商用计算机市场是另一回事。整个计算机行业都在观看苹果与 IBM 新一回合的较量，只是这次较量的结果与第一次不同，因为这次是在 IBM 的领地上，苹果正设法进入 DEC 退出后留出的商用市场空间。

约翰·斯卡利和他的麦金塔计算机团队（Macintosh，简称 Mac）发动了年耗资 2 亿美元的大规模广告战，企图占据商用计算机市场第二的位置。然而，苹果公司有一个致命的弱点，那就是苹果计算机属于家用，而不是商用。

斯卡利很睿智，你可能注意到了这一点，他的麦金塔广告几乎从未提到过苹果的名字。他知道，必须把麦金塔同苹果家用计算机的定位区隔开来。

不幸的是，人们仍旧把麦金塔和苹果联系在一起，这非常不利。苹果的共同创始人史蒂夫·沃兹尼亚克（Steve Wozniak）因这个问题而辞职，他说："苹果的战略方向可怕地错误了5年。"沃兹尼亚克还谴责了苹果公司管理层拒绝为苹果Ⅱ个人计算机的技术研发提供资金支持。

我们认为沃兹尼亚克先生是正确的，苹果应该专注于家用计算机和小企业用计算机上。

市场第二对阵 IBM

"今天的个人计算机市场很像20世纪初的汽车业"，《时代周刊》报道说："那时的汽车业和现在的个人计算机业一样，这项具有革命性效应的新技术，吸引了大批企业加入，有的甚至起了'苹果'和'康懋达'这样的名字。当然，只有极少数的汽车生产商能生存至今。"

《时代周刊》最后总结道："没有人怀疑 IBM 已经成为个人计算机业的通用汽车。现在的问题是，谁将成为福特或克莱斯勒，而谁又将成为 Locomobile 或 Stanley Steamer。"⊖

哪家企业将会成为行业第二品牌？随着 IBM

正如我们所料，麦金塔从未在商用市场取得多大进展。据《财富》杂志报道（1987年11月9日）："三年前的正面进攻惨败后，于是苹果公司要将麦金塔推入企业市场。"但是这一计划最终失败了，约翰·斯卡利还为此丢了工作。2005年，苹果公司只占有全球个人计算机市场3%的份额。除了家用计算机和小型商用计算机市场，麦金塔的另一个机会可能是在图像绘制领域。如果苹果公司收购了 PowerPoint（微软耗资1400万美元买下它），麦金塔与 PowerPoint 联手就可能在商用市场夺下不小的市场份额。在任何情况下，追随者的最佳战略是在狭窄的战线上发动攻击。

⊖ 这两家企业已经消亡。——译者注

康柏打了两场漂亮的侧翼战,从而晋升为个人计算机市场的领先品牌,并一度成为全球销量最大的个人计算机品牌。1983年3月,康柏率先推出了"便携式"计算机,并将其命名为"康柏"。1986年9月,康柏首个推出了采用英特尔16MHz 80386处理器的个人计算机——康柏386,正是这款产品将康柏推向了行业顶峰。

难以置信的是,戴尔公司开辟了成为个人计算机领导者的新途径——不是比大批竞争对手在产品上做得更好,而是与众不同。戴尔是第一家做计算机直销的企业(一开始通过电话,后来通过互联网)。这是侧翼战的经典案例(对于戴尔,这是一场渠道侧翼战),也可能是商业中最具威力的战略。

的不断发展,出现了抢占行业第二的千载难逢的好机会。DEC的机会曾经最大,它曾是小型计算机领域的全球领导者,在商用领域也有声誉和影响力,可是DEC白白丢掉了机会。

每个行业都有打造强势第二品牌的机会。例如,赫兹和安飞士,可口可乐和百事可乐,通用汽车和福特,麦当劳和汉堡王,可见总是有行业第二的发展空间。

计算机行业的第二位置还空着,既然存在这样的一个空位和机会,当然也就不乏竞争者,例如,AT&T、宝来公司、康柏、通用数据、惠普、国际电话电报公司(ITT)、摩托罗拉、国家现金出纳机公司(NCR)、斯佩里(Sperry)、王安电脑、施乐和顶峰公司(Zenith)。当然还要算上那些日本企业,如爱普生、富士、日立、美能达、三菱、NEC、冲电气、松下、三洋和东芝。

是不是感到一片混乱?顾客心智也是这种感觉。这时,声誉上的信任状就成了最重要的商战利器。顾客购买的不是计算机,而是一家企业。来看看一些竞争对手在顾客认知中的弱点。

- AT&T是一家电信企业,不是计算机企业。
- 宝来公司是一家制造大型计算机的企业,而且在大型计算机上并不强。
- 康柏对IBM的低价位侧翼战相当成功,

然而它不具备转向进攻战的实力。

- 通用数据公司是小型计算机领域 DEC 的跟随者。
- ITT 是一个联合大企业，它在顾客心智中并不代表什么。
- NCR 是生产现金出纳机的，而不是计算机生产商。它在计算机领域唯一的成功就是它的零售数据输入系统，这主要是因为它利用了自己在现金出纳机上的优势。
- 斯佩里是大型计算机领域的另一个跟随者。
- 王安电脑是文字处理器制造商。王安可能有机会，但它的"文字处理器"定位帮不了什么忙。
- 施乐是一家复印机企业。IBM 无法在复印机领域获得成功，同样施乐也无法在计算机行业获得成功。
- 顶峰是电视机制造商。

那些日本企业就更不用说了。它们那种小心翼翼，一次走一小步的方式难以跟上飞速变化的个人计算机行业的步伐。

那么我们认为谁的机会最大？那就是惠普。

我们认为惠普公司最有机会成为世界上第二大计算机企业。惠普在小型计算机领域仅次于 DEC，而且惠普的个人计算机和苹果公司的产品

我们错估了 IBM 品牌的实力。据报道，在 23 年里，IBM 的个人计算机共计亏损了 150 亿美元。我们本应有勇气坚信品牌延伸是错误的，然而在当时，是很难对一个占有 50% 市场份额的企业提出批评的。

我们正确预测了惠普品牌的实力。尽管惠普的战略一团糟，但它在个人计算机市场排行第二。

一样，都界面友好，易于使用。

若惠普进攻 IBM 无法成功，那无一家企业能取代 IBM。

惠普应该做的，是告诉顾客，在商用计算机领域，惠普比苹果更好，更能作为 IBM 的替代选择。然后惠普再向市场证明，惠普就代表商用计算机。

几年后就能见分晓。

MARKETING WARFARE

第 15 章

战略和战术

> 假如我们认为战略是独立于战术成果之外的力量，必将误入歧途。
>
> ——卡尔·冯·克劳塞维茨

通过对战争的研究，我们得出的最重要思想之一就是"战术驱动战略"。首先找到可行的战术，然后将战术发展成战略。大多数企业的做法恰恰相反，它们先定下自己想要实施的战略，然后再去寻找能够实现战略的战术。

有些企业认为，制定战略的方法就是召集三四个最优秀的人，把他们锁进一间屋子，直到他们制定出战略为止。这种方法被称作"象牙塔群策群力法"。

还有些企业喜欢把整个高管团队召集到一个会议中心（或者最好是到加勒比的一个海岛上），让他们对企业的未来进行规划。这种方法叫作"远离电话，抛开一切"。

这两种方法都企图尽量远离日常的战术决策，来做长远的战略思考。然而，这两种方法都是错误的。

战略服从战术

1988年出版的《营销革命》（Bottom-up Marketing）一书的主题就是"战术驱动战略"，该书至今仍在印刷发行。

就像形式服从内容一样，战略要服从战术。战术获得成功，是战略的最终目标和唯一目的。如果某个战略不能支持战术获得成功，那么无论这个战略构思如何巧妙，表达得多么动人，它都是错误的战略。战略应该自下而上制定，而不是自上而下。

一位将军只有在深入、详尽地了解了战场情况后，才有资格制定出真正有效的战略。

战略应该从市场一线的泥泞中发展出来，而不是在象牙塔内臆想出来。那些坐在会议室里的首席执行官，就好比不熟悉战场的将军。

第 15 章 战略和战术

战略的目的是让战术层面的工作顺利展开。除此之外，没有任何其他目的。在军事行动中，总规划的目标，说白了就是"确保在每时每地，我方都有两名士兵做好准备，有意愿并有能力去和只有一名士兵的敌军作战"。换言之，战略就是协助企业在战术层面运用兵力原则。

一个宏大的战略也许是美妙绝伦、激动人心、极具魄力或大胆无畏，但是它如果不能在正确的时间把军队布置到正确的地点，去完成战术层面的工作，那么这个战略是完全失败的。

战略没有好坏之分。战略本身并没有与生俱来的优点，战略不同于小说或电影的情节，只等着有人给它们插上文字和音乐的翅膀。

评判艺术作品的标准常常是它们的原创性、创造力和思想突破性。战略则不同，战略应该在同顾客和竞争对手的接触中判断它们的有效性。

在军事战斗中，战略初学者要从学习刺杀开始。世界上最著名、最伟大的军事战略家，就是在 12 岁时便开始了他在普鲁士军队中的军事生涯，这可不是巧合。

卡尔·冯·克劳塞维茨知道战争的真实情况，因为他亲身经历过惨烈的战争。他曾在耶拿被法军俘虏过，他曾在博罗季诺参加过拿破仑和沙皇军队的大规模冲突战，他曾参加过别列津纳河战役，目睹了成千上万的法军被践踏在哥萨克人铁

卡尔·冯·克劳塞维茨提出的战略思想是最基本和最根本的，所以包括西点军校在内的世界各地的军事学校至今仍在研习他的战略理论。但遗憾的是，哈佛商学院在内的世界各地的商学院没有设置课程研习他的巨著——《战争论》。

蹄下的血腥场面，他还参加了滑铁卢战役。

克劳塞维茨的伟大战略思想来源于丰富的实战经验。他知道胜利的重要性，因为他在戎马生涯中曾多次体验过打败仗的痛苦。

所有伟大的军事战略家都有着相似的成长经历，他们先学习战术，后学会制定战略。战略服从于战术。

炮兵军官

在18世纪末，有皇家血统或皇室姻亲的年轻人绝不会考虑到炮兵部队服役，因为那是嘈杂、肮脏、费力的苦差事。那时的高才生都想加入骑兵部队，身着精美的制服，骑在马上风光无限。

然而，战争在战术层面上发生了变化。当时的骑兵除了用来侦察，在大型的陆军作战中几乎没有什么用武之地（从来没有人用骑兵突破过英国人的作战方阵）。战术层面最为关键、杀伤力最强的武器是炮兵部队。

没有人比拿破仑更懂得这一点，这位前炮兵军官在24岁时就当上了将军，34岁时当上了皇帝。

拿破仑战略的高明，其秘诀就在于他让炮兵部队在战术层面发挥了最大的效用。拿破仑不断利用炮兵部队的机动性，把他们集中部署到离敌

拿破仑曾是一名炮兵军官，后来成为世界上最伟大的军事战略家。同样，擅用商战武器的管理者也会拥有大好前程。过去，最尖端的武器是电视，现今则是互联网。

人尽可能近的位置,从而为自己的步兵和骑兵轰开一个缺口。

拿破仑曾说:"炮兵部队决定了军队和国家的最终命运,大炮永远不嫌多。"

坦克指挥官

把一门大炮装在一台内燃机上,给它加上装甲和拖拉机的履带,你将得到什么呢?那就是坦克。这种20世纪的武器就相当于拿破仑时代那种能够发射6磅重炮弹的大炮。

第二次世界大战中最优秀的军事战略家也是从前线学会了战略,这也并非巧合。小乔治S.巴顿曾是1917年康布雷战役的观察员,在这场战役中,英军发动了世界上第一场大规模的坦克进攻。

1918年,巴顿被任命为美国第一位坦克部队指挥官。当年年底,他率领他的坦克部队参加了圣米耶战役。

1944年,巴顿运用他的坦克战术突破了诺曼底,他狂野而大胆的战术助其快速穿越法国,率先攻进德国,他的第三集团军打破了占领阵地的所有已知纪录。

尽管巴顿性格方面尚有不足,他仍是一位敏锐的军事战略家,他的胜利建立在克劳塞维茨式的战略思想之上。

坦克是第二次世界大战中的关键性武器,巴顿对军事知识和坦克的运用,使他成为伟大的军事战略家。有多少人对商战所需的公关、电视、网络以及其他武器知之甚少,却自认为是商业战略家?大有人在。

巴顿说:"人们不应该先制订计划,然后再让形势适应计划,而应该让计划适应当前的形势。我认为,胜败取决于指挥官是否拥有这种能力。"

广告专家

在当今的商战中,广告就是坦克和炮兵部队。如果管理者不知道如何在战术层面上运用广告,那么他作为战略家就处于严重劣势。

由于许多管理者不懂得广告的战术应用就发动了商战,等于向严守在战壕中的竞争对手发动了自杀性进攻,这好比是第一次世界大战中堑壕战悲剧的重演。巴顿曾说:"敌军的后方是装甲部队的快乐猎场,我们要想方设法抵达那里。"

苹果公司雇用约翰·斯卡利并不是因为他懂得经营饮料厂,或是知晓百事可乐的秘密配方,而是因为他精于运用广告。虽然形势不利于斯卡利的"商用苹果计算机"战略(就像形势对滑铁卢战役中的拿破仑不利一样),可他的广告确实很有技巧。他的乔治·奥威尔㊀(George Orwell)篇的"1984"广告,造成的冲击力比任何其他单条电视广告都大。

这绝不是说个人推销和其他商战武器都过时了,每种武器都在商战中发挥着各自的重要作用(就像拿破仑时代的步兵所起的作用一样)。然而,如果一家企业想要赢得商战的重大胜利,就必须出色地利用广告这一关键武器。

当然,我们所说的广告,是指所有能抵达顾客心智的宣传形式,包括印刷品、广播、公关、直邮广告、派样、销售宣传册和展览。同样地,装甲部队要配备自行火炮、装甲运兵车和一批包括坦克在内的装甲车。

㊀ 乔治·奥威尔(1903—1950),英国作家,他的小说极富想象力,猛烈攻击极权主义并反映对社会平等的关注,作品包括《动物农庄》和《一九八四》。——译者注

不认同我们观点的人可能会举出很多例子，证明广告运用拙劣似乎不会产生负面影响。IBM个人计算机成功投放市场，看上去并没有受到广告中查理·卓别林的不良影响。不错，糟糕的广告对强大的IBM来说影响不大。然而，对于没有IBM那样雄厚资源的企业来说，糟糕的广告可能是致命的打击。

战略能容忍平庸的战术

战略要从对战术的深入理解中发展而来，然而矛盾的是，优秀的战略并不依赖最好的战术来实现。一个有效战略的实质是，没有出色的战术也能赢得商战。

IBM无须出色的广告就能赢得个人计算机大战。IBM作为第一家推出个人计算机的商用计算机企业这一战略，在产品上市前就已经确保了它的成功。正是这一战略使得各种战术得以出色地展开，也正是IBM公司对战术的理解，使它确信要采用这一战略。

许多管理者虽然认识到了广告这一武器的重要性，但是却错误地依赖于它。他们企图打出"致命一击"效果的广告，希望凭此赢得商战的胜利。贝尔吉战役，即1944年冬天希特勒在阿登高地的反攻，不断在商业战场上重演。企业把全部

许多管理书籍都推崇这样一个理念：优秀的执行能赢得任何商战。典型的例子就是拉里·博西迪和拉姆·查兰合著的《执行》（Execution）一书。

甚至被《财富》杂志誉为"20世纪最伟大经理人"的杰克·韦尔奇也轻视战略的重要性。"现实生活中,"韦尔奇在他的书《赢》(*Winning*)中写道,"战略实际上是很简单的:选择一个大方向,然后坚持不懈地执行。"这对于通用电气来说可能是奏效的,因为通用电气几乎在它涉及的所有市场都拥有强大的领导地位,但这并不适用于大多数企业。

赌注押在大规模广告投放上,企图以广告"挽回局势"。

然而,这样的局势很难逆转。原因很简单,如果战略高明,就算平淡无奇的战术也能取胜;如果必须用最好的战术才能取胜,那么这种战略本身是不高明的。

换言之,如果企业依靠优秀的战术来作战,说明企业的战略本身并不合理。这类企业以两种注定失败的方式参战:第一,糟糕的战略;第二,依赖出色的战术,而历史证明这种情况很少发生。

巴顿将军率军穿越法国时,整个世界为之欢呼。然而事实是,即使没有他,盟军照样能够获胜。

没有什么是绝对的,商战如同军事战争一样,总有形势极为不利的时候。克劳塞维茨说:"形势越是无助,就越会倾向于孤注一掷。"

在美式橄榄球赛中,传长球是绝望之举,因为其他办法都失败了,唯有孤注一掷。多数情况下,宝洁公司平淡无奇的战术就会赢得商战胜利。

依赖于更好战术取胜的商战将领,往往很快就指责武器不起作用,而在今天的商业战场上,这种武器就是广告。

战略指导战术

那些在制定战略过程中忽视了战术形势研究

的将军，常常在战斗打响后完全转变态度，反而对战术变得过于敏感。假如战略是从战术角度合理构建起来的话，那么战斗打响后，战略就应该指导战术。

一位优秀的将军能克服战术层面的困难，以便推进并达成战略目标。有时可能要投入相当的资源，来占领那些支撑整个战略展开的关键点。例如，你也许不得不让某项业务短时期内亏损，以便达到保证总体战略成功的战术目标。反之亦然。例如，当某些业务或盈利产品与你的战略不一致的时候，你就不得不削减或放弃这些业务或产品。

对于以销售为导向且追求销量的员工而言，这会引发问题。克劳塞维茨一贯强调的是战略的一致性，除非夺取某地理位置或者占领某处未设防区域有利于整个战局，否则克劳塞维茨会马上否决这些方案。克劳塞维茨说："就像在商业中，商人不能把某一笔交易单独拿出来看其收益。战争也是如此，不能脱离整体成果去看某一项优势。"

然而，20世纪的商人，如可口可乐，有时就忘记了这条19世纪商人都已明白的原则。他们推出一款极易获得销量的健怡可口可乐，却对泰波可口可乐生意下滑表示惊讶。这再次验证了"不能脱离整体成果去看某一项优势"。

实行分权管理，是企业各个战术缺乏战略指

> "世界上没有人会置疑MCI能夺取任何市场15%的份额。"
>
> "我们能够夺取鞋类市场同等的份额，虽然我们不生产鞋类产品。"
>
> ——前CEO伯特·罗伯茨

一家企业在一个市场上取得成功，并不意味着它能在另一个市场也会获得成功。然而，有太多管理者盲目自信，导致他们四处出击。这是MCI的前CEO伯特·罗伯茨（Bert Roberts）对鞋类市场所说的一番话。

导最常见的原因。就像品牌延伸一样，短期内能产生效益，然而长远看，企业必定会付出惨重的代价。一个典型的例子是 ITT 公司，它正在为长年的分权管理付出代价。

企业实行分权管理的理由是，员工可以在一线及时做出决策。到一线去研究战术层面的形势，是制定优秀战略的一个重要组成部分，但这只是一个组成部分而已，接下来需要把这些因素整合成一个连贯一致的战略。

单点进攻

在任何时刻，一个企业的战略只能以一个目标为主导，这个目标应该优先占用企业的资源，我们称为"单点进攻"。

分权管理和缺乏统一的战略规划，导致企业在多条战线上发动进攻，这一情况在当今的美国商界是一种普遍现象。这些战线中有成功的，也有失败的，但没有一个能建立起长期发展的业务。

比如埃克森（Exxon）那些注定失败的办公产品和系统：Qwip、Qwyx、Zilog、Vydec、Daystar、Dialog 和 Delphi，它们都是埃克森用于开拓办公市场的产品名字。可是，埃克森的企业战略是什么？石油和水的组合，比油和办公机器的组合要合适得多。

当埃克森办公系统推出"心系未来"的广告时，我们就知道它们陷入了困境。只有陷入困境的企业才会通过广告宣称自己会长远地走下去。

第 15 章 战略和战术

与埃克森的盲目进攻相比，IBM 推出个人计算机可大不相同。IBM 是通过个人计算机来实现一个统一的战略目标：保护企业的大型计算机业务免受低端产品的侧翼包抄。IBM 在个人计算机业务投入了大量的精力和资源，它在几十年前推出 360/370 大型计算机，也是基于同样的考虑。

企业常常为各个事业部配给资金和物料，然后放任它们去自行运作，很少加以指导甚至没有指导。多条战线并进的企业，其指导仅仅是"带上这些资产去赚钱吧"。

这些事业部进入市场后，它们的进攻目标常常局限于那些"有机会的目标"。有些目标之所以容易获得，背后可能存在原因，比如该类产品已经没有前途。以文字处理器为例，当 IBM 大举进入多用途商用计算机市场时，它留下了文字处理器这个相对空白的市场，于是拉尼尔（Lanier）、CPT、NBI 和其他企业纷纷闯入这个市场，抢夺市场机会。可是这些企业的前途在何方呢？

当华纳通信公司（Warner Communications）买进 Atari 计算机时，它们有一个长远的企业战略吗？还是只是在玩游戏呢？

通用磨坊（General Mills）在 Izod 上赔光本钱前，它是否有一个战略规划呢？你认为美孚石油公司（Mobil）收购蒙哥马利·沃德公司（Montgomery Ward）时，是怎么想的呢？

可口可乐前总裁郭思达（Roberto Goizueta）曾说："这个国家的人抱有这样的一种想法，即有两项糟糕的业务强过拥有一项好业务——这样能分散风险。这种想法太疯狂了。"

这些企业的行为，在过去是以多元化为借口，然而它们都背离了一个基本的战争原则，即集中兵力的原则。

MCI 在对阵 AT&T 这个业界巨人时，它为何还要开辟 MCI 邮件这个第二战线呢？从军事角度看，MCI 这招儿没有道理。随着 MCI 邮件业务亏损不断扩大，说明在营销上同样没有道理。

通用汽车公司跑到达拉斯，以 25 亿美元收购罗斯·佩罗特（Ross Perit）的电子数据系统公司时，它们到底想要干什么？可以肯定的是它没有任何战略意义。

如果这些行动是意外的话，那是够糟的（它们给出的报价让我们无法拒绝）；如果各企业还主动去制定多元化战略，那么情况就更糟了。

以索尼公司为例。据《财富》杂志报道，索尼制定了一个名为"50-50"的战略。索尼公司希望到 1990 年，它将成为一个消费品和非消费品业务各占一半的企业，以取代它"80-20"的现状。这合理吗？

毫无合理性！那是在把资源从你能取胜的战斗中转移到你将失败的战斗中去。另外，索尼这么做时正处于非常时期，它的消费品业务正面临危机，面对 VHS 录像机技术，索尼的 Betamax 技术正在不断丢失阵地。索尼该怎么做？

索尼当然没能达成"50-50"的目标。如果有什么变化的话，那就是索尼比以往都更注重消费品业务了。

进攻与反击

根据物理定律,任何作用力都有一个大小相等、方向相反的反作用力。许多商战指挥官在制订作战计划时,都似乎假设敌人根本不会做出反应,事实上远非如此。

事实可能正好相反,企业把价格降低一半,对手很可能也会这样做。对于你的每一个行动,就算对手不完全模仿你的最初行动,他们总会采取相应的行动。

切忌思考过于片面。一位优秀的商业战略家会预计到对手的反击。商战的许多原则都考虑到了遭遇反击的危险。进攻战第二条原则:找到领导者强势中的弱点进行出击。因为领导者要想阻击进攻,就不得不削弱自身的强势,这是他们不情愿做的事。

苹果进攻商用计算机市场当然会惨遭失败。你不能对强敌发动正面进攻,战争中如此,商业中亦然。

分析对手强势反击的可能性的另一种方法,就是看看预计的市场份额变化。例如,一些企业大胆地预言自己将夺取市场领导者一半的市场份额,然而它们没有预见到在这一过程中你死我活的斗争,忘了受伤的老鹰会拼死争斗。

要考虑敌人的反击。你的竞争对手在保卫自己阵地时,会比他向你发动进攻时投入更多的资金,也愿意做出更大的牺牲。

行动不能脱离战略

不管一个企业采取什么样的行动，这些行动都不能脱离战略。行动就是战略。

然而，许多企业认为它们可以将行动和战略分开。例如，苹果公司曾宣布它们将进攻《财富》500强企业IBM。苹果公司不能坐等着说："现在，我们的战略是什么？"向《财富》500强企业发动进攻本身就是苹果公司的战略。所以进攻能否成功，主要取决于苹果公司的战略是否充分考虑到防守方IBM的强势，产生适合苹果公司的战术。

当然，通过遵循商战的基本原则，苹果公司可以增大自己的胜算，例如在较窄的阵线上发动进攻。但是，这些因素只能在一定程度上有所帮助，更关键的战略问题是，一家像苹果公司这样资源有限的小企业是否有能力在IBM的地盘上发动进攻？

那些获得成功的大企业常常由于错误的观念而陷入麻烦，它们认为只要企业有取胜的信念，任何目标都能实现。它们通常先设定预期目标，然后调配一支队伍制定战略以实现这个目标。实际上，没有什么企业强大到足以这样行事。不出意料，目标总是不能实现。

优秀的商业战略家活在战术与现实世界里，他们从不让自负影响自己的判断。他们从不试图做不可能的事，也从不强推营销活动去完成超出合理范围的目标。他们将精力放在那些可以通过可用的战术工具来达成的目标上，而从不在那些浮夸的方案和不可能实现的虚幻梦想上耗费精力。

战略不能脱离战术

如果说行动隐含着战略，那么战略就隐含着战术，这是一个统一体。

如果试图割裂它们，将饱尝苦果。对战术层面的理解可以帮助你制定出战略，并由此发展出一整套行动。

这第一步做对了，该战略就开始起主导作用，用于指导战术。如果在战术和战略之间设置严格界限，就会阻碍战略的制定和实施。

以广告为例，这是大多数商战中的关键部分。企业通常会请广告公司来处理广告的战术问题，然而在启用广告公司之前，这些企业通常已经制定好战略了。换言之，企业决定要做什么，而广告公司决定怎样做。

这听起来既简单又合理，以至于我们指出这一安排的致命缺陷似乎毫无根据。然而，在战略和战术之间设置的人为界限，使得企业没能将广告公司在战术上的专业知识转化为制定战略时的重要考虑因素。

米勒啤酒正视了在一个品牌名下打造两大品牌这个战术层面的难题了吗？显然没有。米勒先制定了战略，然后把战术工作交给了它的两家广告公司。智威汤逊公司会不会对一个品牌名下打造两大品牌表示异议呢？你会对一个能给你带来 5000 万美元收入的战略表示异议吗？要知道，广告公司每年能从中获得 750 万美元的净收入。

在今后的商战中要真正有效地投放广告，广告公司必须更密切地参与企业的战略规划，或者企业必须学习更多的广告战术知识。这两种趋势将会同时出现。

然而在当前，没有几家广告公司懂得如何把它们广告上的战术知识转变为战略方案，对广告战术有较深理解的企业也寥寥无几。

有些广告公司会强烈反对要求它们做更多战略层面的思考，因为它们不想为广告方案的成功与否负责，它们更愿意责怪产品本身或销售人员。

运用后备军

军事指挥官不会在没有充足后备军的情况下发动进攻。克劳塞维茨说："有生后备军的数量通常是双方统帅关注的主要问题。"拥有更强大后备军的统帅掌握着战场的控制权。

然而，没有必要也不值得把全部后备力量投入到每一次战斗中去。没有一家企业会在1月1日那天把整个财年的广告预算用完，也没有哪位军事将领会在同敌人交战的那一刻把所有士兵都投入战斗。后备军的使用和调动常常是每场战斗的关键所在。

一位优秀的将军会设法在不调动所有后备军的情况下赢得胜利，而几乎无一例外，败北的通常是耗尽了后备军的一方。

当然，我们在此探讨的是战术意义上的后备军，即能立刻投入战斗的兵力，战略意义上的后备军则是另一回事。军队不能依靠征募后再进行训练才能投入战斗的士兵。克劳塞维茨警告过不能依靠战略后备军，他认为这是一种局部的不协调。所以，如果是战略意义上的后备军，那么就不能称为后备军。也就是说，这些兵力无法在指挥官的一声令下就立马投入战斗。

同时启动两项业务而非一项的企业家，就陷入了战略性后备军的陷阱。一项业务无法作为另一项业务的后备军，因为两项投资都不能在紧急时刻迅速得到清算。正确的做法是，启动一项业务，留下流动性资产作为后备军。

这一原则同样适用于那些企图在短时间内在较长战线上开战的企业。它们要自问的关键问题是："我的后备军在哪里？"

MARKETING WARFARE

第16章
16

商业将领

> 在1000个杰出人物中，有些以智慧出名，有些以勇敢无畏或意志坚强著称，可能没有人能集结这些特质于一身，从而成为统帅中的佼佼者。
> ——卡尔·冯·克劳塞维茨

各行各业的领袖指挥企业驰骋在全球商业战场上，除了少数几位领袖是例外，大部分没有引起世人多大的关注，或者说，他们没有做很多工作去激励或启发员工队伍。通用电气的杰克·韦尔奇、克莱斯勒的李·艾柯卡和花旗银行的约翰·里德是例外。

许多企业领导者都躲藏在多元化经营和分权管理这两个经营哲学背后，避免让自己成为被关注的焦点。

如今的商界呼唤更多的商业将领，需要更多的企业家主动承担起规划并指导全盘战略的责任。然而，在这最需要优秀战略家的紧急时刻，商界却背道而驰。多元化经营和分权管理使企业制定战略的责任由最高管理层推向了中低管理层。有一家《财富》500强企业吹嘘道，它半数的经理都参与战略规划。

巴顿的第三集团军有105名军官，却只有1名战略规划人员。参与战略决策的人越多，制定出优秀战略的可能性就越小。应该把战略规划留给最高管理者，而不是授权给中低层管理者。

分权管理消磨了企业员工的冒险精神。经理并不是傻瓜，他们知道，只要他们能远离"作战一线"，就可以慢慢地爬上高级管理层。

判断一个人在企业是否处于"作战一线"很容易。假如他因为完不成营销目标而被解雇，那么他就处在这条线之内；假如他可以因为某人没有完成营销目标而有权解雇此人，那么他就处在这条线之外。

注意，当某人处于"作战一线"之外时，此人并没有什么营销目标考核，因而可以很自然地把成功归于自己，把失败归咎给他人。这个人已经在企业享有终身职位，并且是个很不错的位置。

分权管理使"作战一线"越来越远，企业被分割成了多块领地，每个领地都没有足够的力量发动大规模的商战行动。因此，许多企业的商战活动已经降级为许多小规模行动，这可被称作商界的"堑壕战"。

我们相信,商业正在发生变革,首席执行官开始整合事业单位,以便拥有足够强大的力量发动有效的商战。然而,企业同时又面临另一个问题:到哪里寻找合适的商业将领来指挥这些大规模行动?这样的人才太难找了。

克劳塞维茨说过,在其他方面拥有杰出才智的人,不一定具有成为优秀将领的特质。千人之中,或仅有一人能够胜任。

商业将领需要拥有哪些特质呢?是否需要去弗吉尼亚军事学院、安纳波利斯⊖或西点军校受训呢?

商业将领必须灵活

商业将领的关键特质是灵活变通。这项特质并无魅力,通常也不被认为是一种美德。然而,军事将领若是缺乏这种特质,就无法获得辉煌成功。将领要足够灵活地调整战略以适应形势,而不是让形势适应战略。

许多准商业将领却背道而驰,他们一开始就沿用曾经有效的战略,然后对眼前形势加以分析,结果几乎总是想让形势适应战略。要做到这一点并不难,因为"事实"从来就不是确凿的,他们

通用电气的杰克·韦尔奇很好地示范了商业将领所需的灵活性。他从不固守任何产品或服务,如果某项业务不在行业数一数二,他就会整顿、出售或干脆终止这项业务。

⊖ 安纳波利斯,美国马里兰州首府,美国海军军官学校所在地。——译者注

总能找到支持自己的理由。

克劳塞维茨说:"战争中获取的情报很大一部分会自相矛盾,更大一部分是假情报,而最多的是可疑情报。"

在战争的迷雾中,人们很容易采用过去经过检验的成功战略。思维狭隘的人认为,用其他方法似乎极为鲁莽,他们往往会说:"还是用我们知道会奏效的方法吧。"

有时这种态度会被误认为是一种优势,比如典型的评价是"他有坚定的信念。"然而,对一位将领而言,固执、死板是弱点,绝不是优点。

在商业中,还存在另一种毫无意义的姿态。当发现竞争对手降价时,管理层会说:"他们知道自己的产品不值钱。"当有员工提议向竞争对手发起进攻时,管理层又说:"我们信奉以正当的方式,依靠产品自身的优点赢得市场,而不是去诋毁竞争对手的产品。"

优秀的将领没有固有的偏见。他在做决策之前,会慎重考虑所有的可选方案,并聆听各种意见。正是这种灵活的头脑会引起敌营的恐慌,因为他们不知道敌人何时何地来犯,因此难以做好防备。

商业将领必须有决断力

关于勇气的谈论非常多,商业将领无疑要有勇气。

优秀将领和平庸将领的区别在于所具有的勇气类型。优秀的将领拥有无限的勇气,会直面上级和同事提出的不同方案。虽然优秀的商业将领思路开放,能听取各种意见,但在需要做出决策时,他开放的思路会及时关闭,凭着坚定的意志和战胜一切的勇气,深思熟虑后做出最终决策。

李·艾柯卡总结道:

如果要我用一个词来概括优秀经理人的特质,那就是"决断力"。你可以使用世界上最先进的计算机，也可以收集到任何图表和数据，但是，最终你得把所有信息汇总在一起，制定出一张时间表，并付诸行动。

平庸的将领都是强悍型的："没人能告诉我应该干什么。"他们被商业竞争所吸引是因为商战和军事战斗极为相似，他们时常也会引用军事术语，谈些"部队""突围"之类的内容。

强悍型的将领倾向于捍卫已经做出的战略决策，他们似乎对已做出的决策和战略有特殊情结，这种天性会把他们引向失败之路。对强悍型的将领来说，勇气的终极体现是为自己的企业牺牲。

然而，强悍型的人也可以成为优秀的领导者，但领导者不一定要是优秀的将领或战略家。倘若一家企业士气极其低落，以至于外部战略根本没有成功的希望时，一个自负、以自我为中心的人可能是最佳的领导者，因为这时企业首先需要的是能够鼓舞内部士气的领袖，而不是战略。

如果你擅长表演，那么你既能成为优秀的战略家，也能成为优秀的领导者。巴顿就曾经对着镜子演练他的"战争表情"。李·艾柯卡用以下这段经典的话激励他的员工："我们有且只有一个雄心壮志，那就是成为最好。除此之外，还有别的吗？"当回到工厂，艾柯卡的战略则完全不同。

许多管理顾问过分强调士气因素，认为单靠士气就能打赢商战。他们完全搞反了，最能鼓舞

克莱斯勒的李·艾柯卡很好地示范了商业将领所需的决断力。他接手濒临破产的克莱斯勒，通过果断发动一系列漂亮的侧翼战把克莱斯勒变成了赢家。

团队士气的，莫过于商战的胜利。

商业将领必须有魄力

数年来，军事上颂扬的是血气之勇，并为此颁发了无数的奖章。

尽管血气之勇对一支作战部队来说非常重要，但对指挥官来说并不是关键特质。将领不是士兵，可是许多将领却充当了士兵的角色，最终为他们的鲁莽行为付出了代价：要么失败，要么伤亡惨重。

汉堡王的杰弗里·坎贝尔（Jeffery Campbell）很好地示范了商业将领所需的魄力，他采用"烤制，非油炸"的战略，成功地向市场领导者麦当劳发起了进攻。

商业将领需要的是魄力，而不是血气之勇。时机成熟时，他们必须果断地迅速出击。然而，大多情况是，随着仕途步步高升，这些商业将领丧失了魄力。

克劳塞维茨说："军衔越高，胆魄越小。"或者说，越临近退休，胆魄越小；股票期权越多，胆魄越小。

当形势有利时，魄力尤为可贵。这时，拥有一位知道如何倾力而出的指挥官就能取得最大的商战成果。

许多商业将领个性有缺陷：处于困境时，他们表现出太多的勇气；处于顺境时，他们又太过于小心谨慎。

商业将领必须通晓事实

将领要做的是统揽全局。因此有这么一种观点,将领无须通晓每个细节就能制定大战略。事实上,只懂某个领域的专家时常受到管理层的鄙视。任何人如果在某一领域过于钻研的话,就会被认为缺乏开阔的眼界。

战略并非难事,似乎谁都会制定,每家商业刊物的编辑都迫不及待地想告诉企业家如何经营企业。

花旗银行的约翰·里德(John Reed)很好地证明了商业将领需要知识。他让花旗银行率先推出 ATM 机,推动了个人银行业务的变革。

这真是错误至极。对企业战略而言,很容易找到的、显而易见的答案通常都是错误的。可口可乐在宣布改变配方时,其总裁夸口道:"这是我们做出的最万无一失的决策。"这当然是个错误。

克劳塞维茨说:"战争中的一切都很简单,然而最简单的事情反而是最困难的。"

优秀的商业将领在制定战略时,是自下而上,从细节出发的。一旦战略制定出来,它看似简单,但在成形之前,答案并非显而易见。

商业将领需要运气

在商战中,运气对结局起着重要作用。战略制定完毕后,一旦发动进攻,你只能等待运气的降临。当然,如果你正确地制定了战略,你的胜算更大。

唐纳德·特朗普（Donald Trump）是一个继承了家族遗产的幸运儿。值得称赞的是，他的事业是在积聚家族的财富，而不是挥霍遗产。

克劳塞维茨说过："没有其他人类活动比战争更普遍地具有偶然性了，战争与打牌最为相似。"

运气不佳时，你要及时准备减少损失。克劳塞维茨说："有条件的投降并不是一种耻辱，一位优秀的将军绝不愿意战斗到只剩一名士兵，一位优秀的棋手也绝不会下一场败局已定的棋。"

既然艾森豪威尔能做到在朝鲜战争中认输，那么一位优秀的商业将领也应该知道何时抽身而退。与其为了面子在无法达成的目标上白白浪费资源，不如及早承认失败，然后投身另一场商战。

商业战场上还有很多战斗，等待有志之士去拼搏和争取胜利。

商业将领应该通晓原则

参加任何比赛，要想有出色表现的话，首先必须学习比赛的规则或原则，然后又必须忘掉这些规则。也就是说，你必须学会在不思考规则的条件下进行比赛。

不管是象棋比赛、高尔夫球比赛，还是商战，都是如此，走捷径成功不了。你必须从学习规则开始，然后在反复练习中忘掉这些规则。

优秀的网球选手不会在网球比赛中考虑握拍姿势，或思考哪里才是最佳击球点。网球选手要做的是集中精力，想着击败对手。

准商业将领首先应该学习的是商战原则,然后在作战时忘掉这些原则。优秀的将领不应该刻意地问:"我们正在打的是哪种类型的战争?我们应该运用什么原则?"

优秀的将领应该将商战原则烂熟于胸,以至于忘了这些原则,只专注于竞争对手。原则就像是习惯,习得后就无须记忆了。

现今商业竞争中存在的问题,不只是缺乏商战原则,最大的问题在于企业没有意识到首先要熟悉商战原则。为了纠正这个问题,商业人士必须一开始就要系统检视商业竞争的历史,并且学习决定战斗成败的战略原则。当今,战略最为重要。

战略和时机是商业竞争的制高点,其他方面都不重要。

如今,公司董事会里有许多像卡莉·菲奥莉娜这样的人,他们是出色的领导者,却是糟糕的战略家。惠普与康柏电脑合并,除了满足投资银行和自以为是的领导者的需要,战略上毫无道理可言。

后　　记

20年前写这本书的时候,我们未曾想到那么多美国大品牌最终会陷入如此多的麻烦中。比如美国电报电话公司、通用汽车公司、柯达以及其他品牌,它们曾经被认为会基业长青。

这些品牌拥有强大实力,何以会有如此糟糕的战绩呢?当然,你可能会说,因为它们采用了糟糕的战略。但为什么会这样呢?许多陷入困境的大品牌都聘请了顾问,这些顾问拿着高薪,但显然没有提供实质性的帮助,没有帮企业抵御能颠覆它们的竞争对手。

也有人会认为,阻止错误决策的最后一道防线在董事会。董事会中有大约12位聪明并拥有几十年从业经验的董事,应该能确保CEO及其高级执行官时刻走在正确道路上。

错了。实际情况是,这些董事们加入了太多的董事会,他们没有足够的时间去研究需要他们全心关注的问题,或者说,他们只是企业家的朋友,而不是能提出质疑和中肯建议的人。

顾问和董事会虽然给不了多少帮助,但他们至少不会带来很大破坏,偶尔他们也能给出一些好想法。我们认为,罪魁祸首是华尔街。华尔街只会带来麻烦，因为它营造了一个只会鼓动错误决策的环境，有时候其后果无法挽回。在某种程度上，它建造了一个不断制造麻烦的温室，它不断鼓动企业为了"增长"而增长。

知名经济学家米尔顿·弗里德曼（Milton Friedman）诠释道："我们没有增长的迫切需要，却有增长的迫切欲望。"增长的欲望是引发企业走上错误道路的主要原因。增长应该是企业做对事情后的顺带结果，其本身并非是一个有价值的目标。事实上，追求增长是设定那些无法实现的目标背后的罪魁祸首。

在商战中，你想做什么不重要，重要的是你的敌人即竞争对手允许你做什么。商战与你的股价无关，它关乎的是与竞争对手相比，你赢得了多少顾客。

艾·里斯

杰克·特劳特

附录A
定位思想应用

定位思想

正在以下组织或品牌中得到运用

- **长城汽车：品类聚焦打造全球盈利能力最强车企**

以皮卡起家的长城汽车决定投入巨资进入现有市场更大的轿车市场，并于2007年推出首款轿车产品，但市场反响冷淡，企业销售收入、利润双双下滑。2008年，在定位理论的帮助下，通过研究各个品类的未来趋势与机会，长城确定了聚焦SUV的战略，新战略驱动长城重获竞争力，哈弗战胜日韩品牌，重新夺回中国市场SUV冠军宝座。2011年至今，长城更是逆市增长，SUV产品供不应求，销售增速及利润高居自主车企之首，利润率超过保时捷位居全球第一，连续三年成为全球盈利能力最强的车企。2009年导入聚焦战略不到5年里，长城汽车股票市值增长超过80倍。

- **老板：定位"大吸力"，摆脱长期拉锯战，油烟机市场一枝独秀**

长期以来厨房家电中的两大品牌—老板与方太—之间的竞争呈现胶着状态，双方仅有零点几个百分点的差距。2012年开始，老板进一步收缩业务焦点，聚焦"吸油烟机"，强化"大吸力"。根据中怡康零售监测数据显示，2013年老板电器在吸油烟机市场的零售量和零售额份额同时卫冕。同时，由于企业聚焦的"光环效应"带动，老板灶具的销售额与销售量也双双夺冠，首次全面超越华帝灶具。2014年第一季度，老板吸油烟机零售量市场份额达到15.67%，领先第二名36.02%；零售额市场份额达到23.30%，领先第二名17.31%。

- **新杰克缝纫机：聚焦"服务"与中小企业，缔造全球工业缝纫机领导品牌**

在经历连续三年下滑后，昔日工业缝纫机出口巨头杰克公司启动新的聚焦战略，进一步明确了"聚焦中档机型、聚焦中小服装企业客户、聚焦服务"的战略方向。在推动实施新战略后，新杰克公司2013年销售大幅上涨。当年工业缝纫机行业整体较上一年上涨10%~15%，而杰克公司上涨110%。新战略推动杰克品牌重回全球工业缝纫机领导品牌的位置，杰克公司成为全球最大的工业缝纫机企业。

- **真功夫：新定位缔造中式快餐领导者**

以蒸饭起家的中式快餐品牌真功夫在进入北京、上海等地之后逐渐陷入发展瓶颈，问题店增加，增长乏力。在定位理论的帮助下，通过研究快餐品类分化趋势，真功夫厘清了自身最佳战略机会，聚焦于米饭快餐，成立"米饭大学"，打造"排骨饭"为代表品项，并以"快速"为定位指导内部运营以及店面选址。新战略使真功夫重获竞争力，拉开与竞争对手的差距，进一步巩固了中式快餐领导者的地位。

……

红云红河集团、鲁花花生油、芙蓉王香烟、长寿花玉米油、今麦郎方便面、白象方便面、爱玛电动车、王老吉凉茶、桃李面包、惠泉啤酒、燕京啤酒、美的电器、方太厨电、创维电器、九阳豆浆机、乌江涪陵榨菜……

- **"棒！约翰"：以小击大，痛击必胜客**

《华尔街日报》说"谁说小人物不能打败大人物"时，就是指"棒！约翰"

以小击大，痛击必胜客的故事。里斯和特劳特帮助它把自己定位成一个聚焦原料的公司——更好的原料、更好的比萨，此举使"棒！约翰"在美国已成为公认最成功的比萨店之一。

- IBM：成功转型，走出困境

IBM 公司 1993 年巨亏 160 亿美元，里斯和特劳特先生将 IBM 品牌重新定位为"集成计算机服务商"，这一战略使得 IBM 成功转型，走出困境，2001 年的净利润高达 77 亿美元。

- 莲花公司：绝处逢生

莲花公司面临绝境，里斯和特劳特将它重新定位为"群组软件"，用来解决联网电脑上的同步运算。此举使莲花公司重获生机，并凭此赢得 IBM 的青睐，以高达 35 亿美元的价格售出。

- 西南航空：超越三强

针对美国航空的多级舱位和多重定价的竞争，里斯和特劳特将它重新定位为"单一舱级"的航空品牌，此举帮助西南航空从一大堆跟随者中脱颖而出，1997 年起连续五年被《财富》杂志评为"美国最值得尊敬的公司"。

……

惠普、宝洁、通用电气、苹果、汉堡王、美林、默克、雀巢、施乐、百事、宜家等《财富》500 强企业，"棒！约翰"、莲花公司、泽西联合银行、Repsol 石油、ECO 饮用水、七喜……

附录B
企业家感言

经过这些年的发展，我的体会是：越是在艰苦的时候，越能看到品类聚焦的作用。长城汽车坚持走"通过打造品类优势提升品牌优势"之路，至少在5年内不会增加产品种类。

——长城汽车股份有限公司董事长　魏建军

在与里斯中国公司的多年合作中，我最大的感受是企业在不断矫正自己的战略定位、聚焦再聚焦，真的是一场持久战。

——长城汽车股份有限公司总裁　王凤英

我对定位理论并不陌生，本人经营企业多年，一直在有意识与无意识地应用定位、聚焦这些法则。通过这次系统学习，不但我自己得到了一次升华，而且更坚定了以后经营企业要运用品类战略理论，提升心智份额，提高市场份额。

——王老吉大健康产业总经理　徐文流

没听课程之前，以为品类课程和定位课程差不多，听了课程以后，发现还是有很大的不同。品类战略的方法和步骤更清晰、更容易应用。听了品类战略的课才知道怎么在企业里落实定位。

——杰克控股集团有限公司总裁　阮积祥

听完课后，困扰我多年没有想通的问题得到了解决，品类战略对我帮助真的非常大！

——西贝餐饮集团董事长　贾国龙

我读过很多国外营销、战略类图书，国内专家的书，我认为只有《品类战略》这本书的内容最值得推荐，因此，我推荐360公司的每位同事都要读。

——奇虎360公司董事长　周鸿祎

通过学习，我认识到：聚焦，打造超级单品的重要性，通过打造超级单品来提升企业的品牌力。品类战略是企业系统工程，能使企业从外而内各个环节相配称。

——今麦郎日清食品有限公司董事长　范现国

学习了品类战略之后，我对心智当中品类划分更清楚了，回去对产品就做了调整，取得了很好的效果，就这一点就值得500万元的咨询费。

——安徽宣酒集团董事长　李健

我很早就读过《定位》，主要的收获在观念上，在读了《品类战略》之后，我感觉这个理论是真正具备系统的操作性的。我相信（品类战略）这个方法是革命性的，它对创维集团的影响将在未来逐步显现出来。

——创维集团副总裁　杨东文

对于定位理论的理解，当时里斯中国公司的张云先生告诉我们一句话，一个企业不要考虑你要做什么，要考虑不要做什么。其实我理解定位，更多的是要放弃，放弃没有能力做到的，把精力集中到能够做到的地方，这样才有可能在有限的平台当中用你更多的资源去集中，做到相对竞争力的最大化。

——家有购物集团有限公司董事长　孔炯

我听过很多营销课，包括全球很多大公司的实战营销、品牌课程。里斯的品类战略是我近十年来听到的最好的营销课程！南孚聚焦战略的成功经验，是花了一亿多元的代价换回来的。所以，关于聚焦，我特别有共鸣。

——南孚电池营销总裁　刘荣海

我们非常欣赏和赞同里斯品类战略的思想，我们向每一个客户推荐里斯先生的《品牌的起源》，了解品类战略。我们也是按照品类战略的思想来选择投资的企业。

——今日资本总裁　徐新

这是一个少即是多、多即是少的时代，懂得舍弃，才有专一，只有占据人们心智中的"小格子"，才终成唯一。把一切不能让你成为第一的东西统统丢掉，秉怀这种魄力，抵抗内心的贪婪，忍痛割爱到达极致，专心做好一件事，才有可能开创一个品类，引领一个品牌，终获成功。

——猫人国际董事长　游林

经过30年的市场经济发展，现在我们回过头来再来看《品类战略》。一方面，它是对过去的提炼与总结；另一方面，它让我们更多地了解到我们的中国制造怎样才能变成中国创造。

——皇明集团董事长　黄鸣

接触了定位理论，对我触动很大，尤其是里斯先生的无私，把这么好的观念无私地奉献给企业。

——滇红集团董事长　王天权

三天的学习，最大的收获是：用聚焦思考定位，做企业就是做品牌大树，而不是品牌大伞或灌木。还有一个重要的启示是：战略由决策层领导制定。

——公牛集团董事长　阮立平

好多年前我就看过有关定位的书，这次与我们各个事业部的总经理一起来学习，让自己对定位的理念更清晰，理解更深刻，对立白集团的战略和各个品牌的定位明朗了很多。

——立白集团总裁　陈凯旋

消费者"心智"之真，企业、品牌"定位"之初，始于"品牌素养"之悟！

——乌江榨菜集团董事长兼总经理　周斌全

品类战略是对定位理论的发展，抓住了根本，更有实用性！很好，收获很大！

——白象食品股份有限公司执行总裁　杨冬云

课程前，我已对里斯品类战略进行了学习，并在企业中经营实践。这次学习的收获是：企业应该聚焦一个行业，甚至聚焦某一细分品类去突破。把有限的资源投入到别人的弱项以及自己的强项上去，这样才能解决竞争问题。

——莱克电气股份有限公司董事长　倪祖根

战略定位，简而不单，心智导师，品牌摇篮。我会带着定位的理念回到我们公司进一步消化，希望定位理论能够帮助我们公司发展。

——IBM（中国）公司合伙人　夏志红

定位思想最大的特点就是观点鲜明，直指问题核心，绝不同于学院派的观点。

——北药集团董事长　卫华诚

心智为王，归纳了我们品牌成长 14 年的历程，这是极强的共鸣；心智战略，指明了所有企业发展的正确方向，这是我们中国的福音；心智定位，对企业领导者提出了更高的要求，知识性企业的时代来临了。

——漫步者科技股份公司董事长　张文东

定位经典丛书

序号	ISBN	书名	作者
1	978-7-111-57797-3	定位（经典重译版）	（美）艾·里斯、杰克·特劳特
2	978-7-111-57823-9	商战（经典重译版）	（美）艾·里斯、杰克·特劳特
3	978-7-111-32672-4	简单的力量	（美）杰克·特劳特、史蒂夫·里夫金
4	978-7-111-32734-9	什么是战略	（美）杰克·特劳特
5	978-7-111-57995-3	显而易见（经典重译版）	（美）杰克·特劳特
6	978-7-111-57825-3	重新定位（经典重译版）	（美）杰克·特劳特、史蒂夫·里夫金
7	978-7-111-34814-6	与众不同（珍藏版）	（美）杰克·特劳特、史蒂夫·里夫金
8	978-7-111-57824-6	特劳特营销十要	（美）杰克·特劳特
9	978-7-111-35368-3	大品牌大问题	（美）杰克·特劳特
10	978-7-111-35558-8	人生定位	（美）艾·里斯、杰克·特劳特
11	978-7-111-57822-2	营销革命（经典重译版）	（美）艾·里斯、杰克·特劳特
12	978-7-111-35676-9	2小时品牌素养（第3版）	邓德隆
13	978-7-111-66563-2	视觉锤（珍藏版）	（美）劳拉·里斯
14	978-7-111-43424-5	品牌22律	（美）艾·里斯、劳拉·里斯
15	978-7-111-43434-4	董事会里的战争	（美）艾·里斯、劳拉·里斯
16	978-7-111-43474-0	22条商规	（美）艾·里斯、杰克·特劳特
17	978-7-111-44657-6	聚焦	（美）艾·里斯
18	978-7-111-44364-3	品牌的起源	（美）艾·里斯、劳拉·里斯
19	978-7-111-44189-2	互联网商规11条	（美）艾·里斯、劳拉·里斯
20	978-7-111-43706-2	广告的没落 公关的崛起	（美）艾·里斯、劳拉·里斯
21	978-7-111-56830-8	品类战略（十周年实践版）	张云、王刚
22	978-7-111-62451-6	21世纪的定位：定位之父重新定义"定位"	（美）艾·里斯、劳拉·里斯 张云
23	978-7-111-71769-0	品类创新：成为第一的终极战略	张云